성공해야 하는 너에게 하고 싶은 이야기

다시 시작하는 용기

실패했으나
그 실패에 굴하지 않고
다시 도전해 성공한
사람들의 이야기

성공해야 하는 너에게 하고 싶은 이야기

다시 시작하는 용기

초판 1쇄 발행 2022년 8월 1일

지 은 이   조희전
추 천 인   김종규
발 행 인   권선복
편   집   오동희
디 자 인   박현민, 김소영
전 자 책   서보미
발 행 처   도서출판 행복에너지
출판등록   제315-2013-000001호
주   소   (07679) 서울특별시 강서구 화곡로 232
전   화   010-3267-6277
팩   스   0303-0799-1560
홈페이지   www.happybook.or.kr
이 메 일   ksbdata@daum.net

값 20,000원
ISBN 979-11-92486-12-3   (03990)

도서출판 행복에너지는 독자 여러분의 아이디어와 원고 투고를 기다립니다. 책으로 만들기를 원하는 콘텐츠가 있으신 분은 이메일이나 홈페이지를 통해 간단한 기획서와 기획의도, 연락처 등을 보내주십시오. 행복에너지의 문은 언제나 활짝 열려 있습니다.

성공해야 하는 너에게 하고 싶은 이야기

다시 시작하는 용기

실패했으나
그 실패에 굴하지 않고
다시 도전해 성공한
사람들의 이야기

조희전 지음

지금 사회는 너무도 젊은이들에게 힘든 시절이다. 어느 때이고 안 힘들 때는 없었겠지만 희망을 잃고 되는대로 살아가는 젊은이들이 많아 걱정스럽다. 이 책이 부디 그들에게는 희망을 주어 보다 밝고 행복하게 살아갈 수 있는 사회가 되었으면 한다.

서문

❧

    이 책은 실패했으나 그 실패에 굴하지 않고 다시 도전해 성공한 사람들의 이야기를 다루고 있다. 이 책에는 앤서니 라빈스, 김승호, 캘리 최, 박태환, 김연아, 조앤 롤링, 성룡, 스티브 잡스, 다윈, 처칠, 헬렌켈러, 에디슨, 링컨, 손흥민, 방탄 소년단, 테레사, 일론 머스크, 소크라테스, 라이트 형제, 폴 포츠, 아인슈타인, 유관순, 유수연, 찰리 채플린, 붓다, 모택동, 마이클 조던, 이중섭, 앙리 루소, 니체, 반고흐, 이세돌, 백남준, 아이유, 코코 샤넬, 세종대왕, 피카소, 봉준호, 이태석, 정주영, 이병철, 구인회, 최종현, 조중훈, 김종희, 박두병, 박태준이 나온다. 이들 중에는 역사 속의 인물도 있으며 현재 활약하고 있는 사람도 있다. 나는 그들의 삶을 최대한 생생히 살리기 위해 노력했다.

    그 사람들은 인생에서 승리한 영웅들이다. 하지만 그들에게도 실패의 시기는 있었으며 그 실패로 자신의 걸음을 멈추었다면 그들을 기록하는 책이나 영상은 어디에도 존재하지 않았을 것이다. 그들에게 배울 점이 있으며 그 배울 점들을 같이 찾아보고자 하는 마음에서 이 책을 쓰게 되었다. 당신이 어떤 실패나 좌절에 빠져 있더라도 다시 도전할 수 있고 성공을 거머쥘 수 있다. 이들의 이야기는 어디선가 들어본 적이 있을 수도 있다. 그렇다 해도 상관은 없다. 그들의 이야기가 당신에게 힘을 줄 것을 확신하기 때문이다.

　나는 어릴 때부터 위인들이나 성공한 사람들의 이야기를 즐겨 읽었다. 그리고 그들에게서 무엇을 배울 수 있는지 찾는 것에 관심이 많았다. 이들의 이야기는 내가 읽은 책을 바탕으로 재구성한 것이다. 나의 상상력이 포함되어 구체적인 부분에서 사실과는 다를 수도 있다는 점을 인지하기를 바란다. 그렇다면 거두절미하고 그들의 이야기 속으로 들어가 보자.

목차

2부 - 끈기

3부 - 열정

4부 - 용기

5부 - 희망

6부 - 도전

1부

꿈

빌딩 청소부에서
세계적 자기 계발 구루로
앤서니 라빈스

〈앤서니 라빈스〉

⚜

앤서니 라빈스는 현관문을 열고 들어왔다.

"아, 오늘도 혼자인가! 이 넓고 넓은 땅에 나는 애인도 친구도 없구나. 설거지거리는 쌓여 있는데 욕조에서 씻어야 한다니 이 집도 지긋지긋하다. 나는 언제까지 이렇게 살아야 할까."

앤서니 라빈스는 음악을 틀었다. 오늘도 들려오는 슬픈 노래. 빌딩 청소부 일도 지겨웠다.

그의 눈에 눈물이 맺혔다.

"아, 내가 왜 우는 거지? 이래선 안 돼!"

앤서니 라빈스는 창밖을 내다보았다. '내 신세는 저 나뭇가지에 매달린 말라 버린 잎사귀처럼 처량하구나.' 하지만 그는 자신의 내면에서 뜨거운 불덩이가 차오르는 것을 느꼈다.

"도저히 이렇게 살 수는 없어. 나는 내가 바라는 모든 것을 이룰 거야."

그리고 앤서니 라빈스는 자신이 원하는 것을 적기 시작하였다. 어마어마한 돈, 사랑스런 애인, 친밀한 친구들… 그리고 그 순간 다짐했다.

"절대 이 이하의 삶을 살지 않을 거야!"

"더럽고 냄새나는 이 쓰레기 청소일도 지긋지긋해. 사람들은 왜 이렇게 더럽게 건물을 쓰는 거지. 똥과 오줌이 묻어있는 화장실도 청소해야 한다니 이건 사는 게 아니야."

그는 자신이 자기계발 강의를 하는 모습을 상상했다.

"그래! 나만의 자기 계발 강의를 만들어 사람들에게 가르치는 거야."

그 이후로 앤서니 라빈스는 빌딩 청소부 일을 마치고 남은 시간을 이용해 강의 자료를 만들고 강의 연습을 하기 시작했다.

그리고 모집 광고를 돌렸다. 처음에는 몇 사람밖에 모이지 않았다. 하지만 그가 온몸을 바쳐 강의하는 모습에 입소문이 퍼져 많은 사람들이 모이게 되었다.

시간이 흘렀다. 어느덧 그는 강의장으로 가기 위해 헬리콥터를 타게 되었다.

"가는 곳까지 잘 모시겠습니다."

헬리콥터 기사가 말했다.

"잘 부탁해요."

앤서니 라빈스가 대답했다. 그의 강의는 커다란 체육관에서 펼쳐졌고 그 강의에 가기 위한 사람들의 차로 도로 정체가 이어졌다.

"세상에 저 차들 좀 봐요. 저 사람들이 모두 강의에 가기 위한 사람들이랍니다."

앤서니 라빈스는 그 순간 크게 감동했다. 그 건물은 그가 8년 전 빌딩 청소일을 하던 그 건물이었다.

'저 건물에서 쓰레기 청소를 하던 시절이 있었는데. 난 그 일을 수년간 했었지.'

강의장 안에는 수만 명의 사람들이 모여 있었다. 사람들이 환호하며 그를 맞았다.

"앤서니 라빈스 여기 좀 봐요! 앤서니 라빈스 환영해요, 앤서니 라빈스!"

"당신 덕분에 내 인생이 바뀌었어요."

한 신사가 말했다. 그는 앤서니가 강의한 성공 조건화 기술을 이용해서 마약을 끊은 이야기를 들려주었다.

"제 아들이 당신 책을 읽고 변했어요."

50대 중반의 한 부부는 감정 관리 원칙을 통해 약을 끊고 천재라는 평가를 받은 아들에 대해 이야기해 주었다.

"제 아내가 완전히 달라졌어요."

증언은 이어졌다. 어떤 사업가는 힘을 주는 질문법과 감정 관리법을 사용하여 회사 수입이 3백만 달러 이상 상승한 이야기를 들려주었다. 미모의 젊은 여자는 지렛대 원칙을 통해 23킬로그램 이상을 감량했다며 옛 사진을 보여 주었다. 그들은 한결같이 그의 강의와 책으로 인해 삶이 바뀌었다고 말하였다. 그는 그 순간 그의 꿈이 이루어졌다는 것을 알았다. 그날 강의는 완전히 성공적이었다. 그는 사람들로부터 둘러싸여 자기계발 구루에게 마땅한 대접을 받았다.

"오늘 일은 잊을 수 없을 것 같아."

그는 집에 돌아와 행복한 미소를 지으며 꿈속으로 빠져들었다. 그는 성공했고 대저택에서 사랑하는 아내와 친구들에게 둘러싸여 살게 되었다. 그의 꿈은 이루어졌다. 그리고 그 꿈은 계속 진행 중이다. 그가 눈물을 흘리던 순간에 포기했다면 그 누가 그의 꿈이 이루어질 것이라고 예상이나 했겠는가.

✤✤✤✤✤✤
생각해 봐요

1. 앤서니 라빈스가 포기했다면 그는 어떤 삶을 살았을까요?

_____

2. 앤서니 라빈스에게 배워야 할 점은 무엇인가요?

_____

3. 앤서니 라빈스가 포기하지 않았던 이유는 무엇일까요?

_____

당신의 꿈을 응원한다.

　세상에는 어려운 사람들이 많다. 앤서니 라빈스에게만 불행이 닥친 것은 아니다. 하지만 불행의 순간 어떤 사람은 좌절해 완전히 인생을 포기해 버리고 어떤 사람은 다시금 도전하여 자신이 원하는 삶을 붙잡는다. 이것은 신이 정한다거나 운명의 문제가 아니다. 하늘은 스스로 돕는 자를 돕는다는 말이 있다. 스스로의 힘으로 다시금 세상 속에 우뚝 서고자 하는 사람은 반드시 세상 속에 우뚝 설 수 있다. 그래서 우리는 희망을 버리지 않고 나아가야 한다. 앤서니 라빈스는 포기하지 않았기에 자신만의 삶을 살아갈 수 있었다. 우리는 어떤 자세를 가지고 살아가야 할까. 그것은 당신의 선택에 달려 있다.

실패한 사업가에서
세계적 김밥 사업가로
김승호

〈김승호〉

❧

"내 나이 마흔이다. 그동안 말아먹은 사업만 몇 개인가. 아버지를 따라 미국 땅까지 날아왔는데 실패뿐이구나. 컴퓨터 사업, 증권 신문사, 이불 가게, 식품점 모조리 실패했구나. 20년 동안 실패뿐이라니 죽어야 되나. 이제 원형 탈모에 우울증까지 걸리다니…"

　도로 한 구석에 차를 대놓고 좌절하는 한 중년 사내가 있었다. 그는 자신의 삶을 한탄했다. 달리는 차들이 그의 주위를 지나가고 있었다. 그는 멍하니 지나가는 차를 바라보며 한숨을 쉬었다. 문득 그의 어머니가 생각났다.

어머니는 그의 사업이 망하기 직전 5000달러를 지원해 주었다.

"승호야, 이것은 내가 김치 5만 포기를 담그며 모은 돈이다. 사업에 보태 쓰거라."

"아니 이것을 다 저 주시다니요. 고맙습니다. 어머니."

그의 아버지 역시 그를 지원하였다. 아버지는 그의 회사의 고장 난 문고리를 고치며 말했다. "기운 내라 승호야, 어차피 우리가 미국에 올 때 빈손이었잖아. 몸만 다치지 않았으면 됐다. 그간 먹고살아 온 게 번 거다."

"죄송합니다. 아버지. 제가 사업에 다시 꼭 성공해서 보답할게요."

그날 밤 그는 아내의 무릎에서 아이처럼 소리 내어 울었다.

그런 김승호에게 아내는 말했다.

"여보 괜찮아. 또 해봐. 내가 식당 종업원이라도 해서 애들하고 먹고살면 돼."

그는 아내를 생각해서라도 포기할 수 없었다.

"당신을 위해서라도 포기할 수 없어. 당신과 아이들, 가족들을 행복하게 해줄 거야."

'가족을 지키기 위해선 내가 더 힘을 내야 돼.'

그는 마음을 다시 먹었다.

"될 때까지 해보는 거야. 나를 믿고 다시 도전해 보자. 내가 가장 좋아하고 잘할 수 있는 일이 뭘까."

문득 어제 갔던 스시 매장이 생각났다.

"일본의 음식은 스시라면 한국은 김밥. 그래 김밥! 김밥으로 가자. 그런데 미국에서 김밥을 판다고 그게 먹힐까? 아냐, 한번 해보는 거야!"

김승호는 그 순간 김밥 사업을 하기로 마음먹는다. 하지만 그 과정은 쉽지 않았다. 스시는 익숙해도 김밥은 생소했던 미국인들이 쉽게 김밥을 먹지 않았기 때문이다. 첫날은 2개를 팔고 34개를 버렸다.

"겨우 두 개가 팔리다니, 이럴려고 장사한 게 아닌데…."

그날 밤 그는 잠을 이루지 못했다.

"왜 먹지 않을까. 역시 스시는 익숙해도 김밥은 생소하지. 일단 홍보용으로 김밥을 주는 것부터 시작해 보자."

홍보와 함께 김밥 연구에 들어갔다.

"여기 김밥 좀 드셔 보세요."

하루 종일 판매에 전전긍긍했다. 그리고 밤에는 김밥 연구에 매진했다.

"미국인의 입맛에 맞는 김밥이란 무엇일까."

이런저런 김밥을 만드느라 밤을 지새웠다. 그는 그날부터 '김밥으로 수천억을 번다'라는 문구를 하루에 100번씩 쓰고 백 번씩 말했다.

"100번 쓰고 100번 말한다. 이게 내 꿈을 이루는 지론이지. 안되면 될 때까지, 실패하면 다시 도전하면 돼."

그리고 매일 아침부터 밤까지 김밥 사업을 성공으로 이끌 아이디어를 놓고 하루 종일 고심하고 실천하기를 반복했다.

그의 김밥은 조금씩 팔리기 시작했고 단 한 개의 매장에서 시작된 김밥 매장은 3년도 안 되어 130여 개로 불어났다. 첫날 두 개밖에 못 팔았던 것이 연간 130억 원대 규모로 커졌다. 이제 그는 김밥으로만 수천억을 버는 사나이가 되었다. 그 힘은 그의 가족들, 그리고 그 가족들을 위해 포기하지 않겠다는 그의 마음가짐에 있었다.

⚜⚜⚜⚜⚜
생각해 봐요

1. 내가 김승호라면 어떻게 했을까요?

_____

2. 나를 도와주는 사람은 누구인가요?

_____

3. 실패할 것 같은 일에 도전해 본 적 있나요?

_____

당신의 꿈을 응원한다.

누구나 물러서지 않아야 하는 순간이 있다. 될 것 같지 않은 것에도 도전해야 하는 순간이다. 많은 이들에게 가족은 최후의 응원군이자 저지선이다. 김승호에게도 포기하지 않아야 하는 이유가 있었다. 그것은 자신의 목숨이라기보다도, 가족들의 사랑에 대한 그의 보답이었다. 그는 살아남아야 할 이유가 있었기에 살아남기 위해 애썼고 물러설 수 없었기에 불가능할 것 같았던 사업에도 다시 도전해 성공한 것이다. 수많은 실패를 겪었으나 언제나처럼 익숙해진 또 다른 시행착오로 규정하고 다시금 도전을 했다. 그는 포기를 모르는 불도저는 아니었다. 그 역시 약하고 여렸기에 눈물도 흘리고 신체적 질병에도 걸렸다. 하지만 그가 최후의 승리자가 된 것은 그럼에도 불구하고 다시금 도전하는 그의 불전불태의 정신에 있었다. 우리가 그에게 배워야 할 하나의 교훈이 있다면 바로 그것이다.

파리에서
도시락 파는 여자
켈리 최

〈켈리 최〉

❦

'그날은 내게 어둠이었다. 나는 사업을 완전히 실패했고 수억 원의 빚을 지었다. 내 인생은 실패구나. 어두운 센느강 주위를 걸었다. 나는 파리에서 혼자 버려진 채로 그렇게 불어오는 바람을 맞받고 있었다. 여기서 강으로 빠지면 죽겠구나. 이 실패도 없어지겠지.'

마음속은 더욱더 어두워졌고 켈리 최는 강물로 뛰어들까 봐 얼른 집으로 들어왔다. 집은 어지러운 마음처럼 어지럽혀져 있었다. 며칠째 정리하지 않고 살았기에 당연한 결과였다. 주방은 치우지 않은 식기와 음식물로 더러웠다. 켈리 최는 차마 설거지할 엄두를 내지 못하고 그냥 몸을 침대로 던졌다.

'어디서부터 잘못된 걸까. 나의 욕심 때문인가. 나의 허영 때문인가. 나에게는 성공할 자격도 없단 말인가.'

그녀는 최근 몇 년간은 성공한 여성 사업가로 살았다. 멋도 내고 멋지게 살았다. 누구보다 행복했고 행복할 자신도 있었다.

'하지만 이제 물거품이다.' 거울을 들여다보았다. 나이 들고 살찐 아줌마의 모습이 비쳤다. '이게 나란 말인가.'

엄마의 얼굴이 떠올랐다. '우리 사랑스런 딸, 늘 예쁘다고 칭찬하시던 어머니'

그 순간 그녀는 자신을 위해서가 아니라 엄마를 위해 살기로 다짐했다. 다시 한번 살아보기로 했다. 하지만 어떻게 다시 시작해야 할지 몰랐다. 일단 움직이기로 했다. 물병 하나만 들고 걷기부터 시작했다. 처음에는 10분을 걷기도 힘들었다. 하지만 시간이 차츰 지나면서 1시간 이상씩 걸을 수 있었다. 살을 빼고 겉모습도 바꾸었다. 그 와중에 그녀가 수억 원의 빚을 지고도 포기하지 못했던 것은 그녀의 집과 차였다. 그녀의 허영과 자존심 때문이었다. 그녀는 집을 세를 내서 돈을 벌기 시작했다.

"사업가라더니 하숙집 아줌마더군."

주위의 수군거림이 들리는 듯했다. 하지만 절박한 상황에서 그런 소리는 문제가 될 수 없었다.

'실패는 단지 실패일 뿐이다. 그 한 번의 실패로 내 인생이 끝났다는 생

각은 하지 말자.'

다시 재기할 수 있고 이전보다 더 성공할 수 있을 것이라는 생각이 들었다. 다시 한번 도전하기로 했다. 어떤 사업을 할까 생각하다 먹거리에 관심이 갔다.

"그래 먹는 걸로 하자. 그런데 무슨 먹을거리?"

그 순간 그녀는 스시를 떠올렸다.

"스시는 서양인들에게도 익숙한 음식. 최고의 스시를 만든다면 가능할 거야. 하지만 누구를 찾아간담."

그녀는 그녀의 인맥을 총동원해서 스시의 명인을 물어보았다. 일본의 야마모토 상의 스시가 최고로 유명하다는 것을 알았다. 그녀는 바로 야마모토 스시 장인을 찾아갔다.

"야마모토 상, 제게 스시를 가르쳐 주지 않겠습니까. 같이 최고의 도시락을 만들어 봅시다."

"관심 없소이다."

그녀는 수없이 거절당했다. 하지만 포기할 수는 없었다. 수없는 거절 끝에 받아낸 오케이 사인. 그녀는 야마모토 상의 스시를 유럽의 마트에 입점하는 데 성공했다. 그녀는 스시를 단순한 먹거리로 보지 않았다. 제작부터 판매까지 이루어지는 하나의 쇼라고 생각했다.

'직접 요리사가 스시를 만드는 과정을 보여주는 마트, 멋지지 않은가.'

그녀 생각은 적중했고 스시는 팔려나가기 시작했다. 유럽 전역으로 퍼졌고 그 자체로 하나의 작품으로 인정받았다. 그녀는 이제 수천억 원대의 자산가가 되었다. 켈리 최는 이제 베컴부부나 영국 여왕보다도 더 부자이다. 그녀가 사업에 실패했을 때 포기했다면 지금의 그녀가 있을 수 있을까. 그럴 리 없다. 더 좋은 건 그녀는 이제 시간적 자유를 얻어 가족과 함께 크루즈 여행을 다니고 있다는 점이다. 최근에는 유튜브로 성공하는 사람 만들기 프로젝트를 진행하고 있다. 그녀의 부와 성공을 나누고 싶은 마음에서이다. 당신도 도전하면 할 수 있다. 그녀는 말한다. "나보다 더 좌절을 겪은 이는 드물겠지만 내가 했다면 당신 역시 가능할 것이다."

✤✤✤✤✤✤
생각해 봐요

1. 나와 켈리 최가 다른 점은 무엇인가요?

_____

2. 내가 도전하고 싶은 사업은 무엇인가요?

_____

3. 당신의 어머니는 당신에게 어떤 존재인가요?

_____

당신의 꿈을 응원한다.

사람은 어느 순간 때론 어둠에 사로잡힌다. 그럴 때는 모든 것을 놓아버리고 싶은 순간도 든다. 우리가 그 순간에 버틸 수 있는 것은 누군가의 도움이다. 누군가 단 한사람이라도 나를 잡아주는 사람이 있다면 그 사람은 무너지지 않는다. 그 사람은 주위 사람이 되어야 하겠지만 나는 사회 역시 그 역할을 감당해야 한다고 믿는다. 무너져 좌절한 사람을 잡아주는 사회 시스템이 구축될 때, 무너진 자가 삶을 포기하는 순간을 막을 수 있다. 다른 누군가가 그런 행동을 할 것이라고 생각하지 말고 내가 그 순간 도울 수 있는 가를 생각해 보아야 한다. 우리는 살면서 누군가의 도움을 받고 또 누군가를 돕는다. 인간이란 사람들 속에서 살고 또 사람들 속에서 죽어야 하는 존재이다. 내게 누군가가 소중하듯이 그 누군가에게도 소중한 사람이 있다. 이 사실을 안다면 평소에 주위 사람들에게 사랑을 전하고 따뜻한 관심을 표하는 일을 주저해서는 안 될 것이다.

실격에서
금메달리스트로 마린보이
박태환

〈박태환〉

✤

"콜록 콜록"

"태환아 또 기침하니."

"네, 기침이 나고 숨쉬기가 힘들어요."

"천식이 심해진 모양이구나."

"안되겠어요. 태환이를 데리고 병원에 가봐야겠어요."

엄마는 태환이를 데리고 소아과 병원에 찾아갔다.

"천식이 심합니다. 수영 같은 운동을 시켜보면 어떨까요."

의사선생님의 조언에 엄마는 태환이를 수영장에 보내기 시작했다. 병약했던 몸이었지만 운동을 지속하면서 실력이 발전했다. 그의 미래를 걱정하던 부모님은 그를 노민상 코치에게 가르침을 받도록 권유했다. 노민상 선생님은 한눈에 태환이가 수영재목이라는 것을 알아차렸다. 노민상은 고등학교를 중퇴하고 수영강사가 되었지만 수영지도자로서는 탁월한 실력을 갖춘 사람이었다. 태환은 특유의 끈기와 인내심으로 수영 불모지였던 우리나라에서 수영 유망자로 떠오르기 시작했다.

하지만 태환이가 처음부터 승승장구한 것은 아니었다.

"이번 대회 기대가 크다."

태환이는 코치님의 목소리가 떠올랐다.

'그래, 내 기록도 좋고 평소에 하던 대로만 하면 메달은 나의 것이야.'

박태환은 천천히 걸어 출발대에 올라갔다.

'아 정말 왜 이렇게 떨리지.' 삐. 그런데 뭔가 이상했다.

'뭐지?'

그 순간 태환은 자신이 남들보다 빨리 스타트를 했다는 것을 알았다. 실격. 도저히 예상할 수 없었고 있어서도 안 되는 충격적인 결과였다. 분위기를 잡던 언론들은 싸늘해졌고 태환이의 방에는 아무도 들어오지 않았다. 끝없는 어둠만이 깔릴 뿐이었다. 태환은 분위기를 바꿔보려고 신나는 음악을 들어봤지만 소용없는 일이었다. 마음속의 번뇌와 잡념 후회와 자책감이 몰려왔다. 죽고 싶었다. 그날 밤 박태환은 잠을 이루지 못했다.

"스타트를 빨리 해 실격했대."

사람들의 수군거림이 들리는 것 같았다. 전 세계 앞에서 망신당했다. 부끄러움이 몰려왔다.

태환을 걱정하던 아버지도 노민상 코치의 말을 듣고 한숨을 내쉬었다. 둘은 그날 포장마차에서 술을 마시며 하루를 지새웠다.

하지만 박태환은 포기하지 않았다. 그날 이후 바로 박태환은 스타트 훈련에 매진했다. 누구보다 빠르고 정확하게 출발하고 싶었다. 박태환은 해켓이나 소프와 같은 유명선수들이 수영하는 장면을 녹화한 비디오를 보면서 자신과 그들에 대해 분석했다. 스타트 훈련만 계속 훈련하자 누구보다도 빠르고 정확하게 출발할 수 있었다. 기량도 점점 더 발전했다.

노민상 선생님은 말했다.

"오늘은 1만 5000미터 훈련이다."

"선생님 그건 너무해요!"

태환은 겉으로는 화를 내었으나 즐겁게 훈련했다. 실력을 키우려면 강한 훈련이 필요하다는 것을 알았기 때문이었다. 때론 선생님의 말을 어기고 더 많은 훈련을 하기도 했다.

"그렇게 많이 한다고 실력이 오르는 게 아냐. 쉬기도 해야지."

하지만 박태환의 머릿속에는 그런 선생님의 말이 들어오지 않았다.

태환은 2006년 아시안 게임에서 금메달 3개, 은메달 1개, 동메달 3개로 총 7개의 메달을 따 아시안 게임 최우수 선수가 되었다. 그리고 호주 멜버른에서 열린 세계 수영 선수권 대회 400미터 경기에서 해켓을 이기고 우승을 차지했다.

그의 기록은 이제 최고가 되었고 베이징올림픽에서의 금메달을 위한 전진은 계속되었다. 박태환은 2008년 베이징 올림픽 자유형 400미터에서 금메달을 차지했고 자유형 200미터에서는 펠프스에 이어 2위로 들어와 은메달을 획득했다. 이는 한국인이 올림픽에서 처음으로 수영이라는 종목에서 획득한 메달이었다. 그것도 금메달과 은메달이었다.

그 후 연습을 게을리한 태환을 비판하는 일도 일어났지만 태환은 다시 훈련에 매진했고, 광저우 아시아 게임에서 금메달 3개 은메달 1개, 동메달 3개 등 7개 메달을 획득했다. 다시 영광을 찾은 것이다. 이어 박태환은 2012년 런던 올림픽에서도 자유형 400미터 은메달, 자유형 200미터 은메달을 획득했다.

태환은 2012년 2월 단국대 체육학과를 졸업하고 곧바로 대학원에 진학했다. 그를 경기장에서는 다시 볼 수 없을지는 몰라도 그의 기록은 한국 수영의 역사로 남을 것이다.

생각해 봐요

1. 박태환처럼 끈기 있게 한 일이 있나요?

2. 박태환처럼 약점을 강점으로 바꾸고 싶은 영역이 있나요?

3. 박태환처럼 한 분야의 정상에 오르려면 어떻게 해야 할까요?

_____

당신의 꿈을 응원한다.

지금은 TV에 잘 나오지 않지만 박태환의 환한 웃음은 사람들을 즐겁게 하였다. 수영의 불모지라고 할 수 있는 나라에서 다른 선수에 비해 체격적으로도 불리한 박태환 선수가 신기록을 내고 선전하는 모습에 우리나라 국민들은 자신의 일처럼 즐거워했다. 투정을 부리고 변덕스러울 수 있는 어린 시절부터 훈련에 매진하고 자신을 극복하기 위해 노력했던 그의 모습은 어른들도 배울 만한 점이다. 박태환의 절반만큼이라도 목표의식을 가지고 자신의 일에 매진한다면 누구나 자신의 분야에서 성과를 낼 수 있다고 생각한다. 성공이란 즉 목표를 정하는 것이다. 자신만의 목표를 정하고 코뿔소처럼 매진할 때 우리는 성공적인 삶을 이룰 수 있을 것이다. 그것이 올림픽 메달을 따거나 TV에 나오는 영광이 아닐지라도 우리 모두는 가능성을 가지고 있으며 그 가능성을 키워나가 잠재력을 발휘하는 것이야말로 우리가 이 세상에 온 목적일 것이다. 하늘이 자신에게 주지 않은 재능에 불평하지 말고 자신에게 주어진 남보다 조금 나은 일에 매진해 삶의 터전에서 헌신을 다할 때, 승리와 기쁨은 당신의 것이 될 것이다. 우리 모두는 그런 사람이 될 것을 굳게 믿는다.

노력했던
스케이터
김연아

〈김연아〉

'끝없는 연습의 연속. 나는 지쳐간다. 오늘도 연습이 이어졌다. 중요한 것은 내가 부상을 당했다는 것이다. 통증이 전해져 온다. 차가운 빙판에 몸도 마음도 얼어버릴 것만 같다.'

"엄마, 나 더 이상 못하겠어."

연아는 엄마에게 피겨를 그만두겠다고 말했다. 엄마도 연아의 마음을 아는지 그러자고 했다. 하지만 시간이 지나고 다시금 도전하겠다는 의지가 샘솟았다.

"여기까지 왔는데 포기할 순 없다."

그녀는 다섯 살 때 처음 스케이트를 탔다. 발레나 바이올린 같은 것들은 좋아하지 않았지만 피겨에는 왠지 모르게 집중이 되었다. 그녀는 하루 종일 피겨 스케이트 선수를 따라하는 데 시간을 바쳤다. 피겨의 코치가 말했다.

"연아에게 재능이 있는 것 같아요."

"아시다시피 피겨는 돈이 많이 들어요. 지원해 주실 수 있나요?"

"물론이죠."

어머니의 결정은 놀라운 것이었다. 비인기 종목이자 한국에서는 누구도 개척하지 않았던 피겨라는 영역, 하지만 어머니는 연아를 지원하기로 하였다. 그날부터 연아의 피겨 연습은 시작되었다. 물론 연아에겐 재능이 있었다. 또래보다는 확실히 기술을 잘 익혔으니까. 하지만 기술을 완성해 나가는 과정이 쉽지는 않았다. 언론에 알려진 바대로 하루에 엉덩방아를 수십 번 찧곤 했다. 연아는 7살 때 일기장에 이렇게 적었다.

"토요일에 우리 가족은 올림픽 공원에 가서 아이스 쇼를 보았다. 그것은 알라딘이었다. 눈이 나빠 안 보일 줄 알았는데 안경을 쓰고 가서 다행이었다. 아이스 쇼를 보고 나서 나도 스케이트를 열심히 타서 국가 대표 선수가 되어야겠다고 다짐했다."

연아의 이런 바람은 몇 년이 지나지 않아 현실이 되었다. 중학교 1학년이던 2003년, 최연소 국가 대표로 발탁되었다. 연아가 좋아했던 선수는 미셸 콴이라는 선수였다. 연아는 미셸 콴이 나오는 영상을 하루 종일 보며 그녀와 같은 선수가 되기를 바랐다. 미셸 콴은 연아의 역할 모델이었다. 피겨를 배우는 아이들은 각자 올림픽 연기를 하는 놀이를 했는데 연아는 미셸 콴의 연기를 그대로 흉내 내었다. 어찌나 연아가 집중하여 흉내를 냈는지 실제 올림픽 경기를 보는 듯하였다.

연아는 매일 매일의 훈련을 견딘다. 그것은 완벽을 향한 열정, 최고의 실력을 유지하기 위한 노력이었다.

연아는 말한다.

"훈련을 하다 보면 늘 한계가 온다. 주저앉고 싶은 순간… 이런 순간이 오면 '이제 그만두자'라는 속삭임이 들린다. 모든 걸 다 포기하고 싶다. 하지만 이때 포기하면 안 한 것과 같다. 물은 99도가 아니라 100도에서 끓는다고 한다. 마지막 1도를 올리지 않으면 물은 끓지 않는다. 마지막 1도를 포기하고 싶은 1분을 이겨내야 하는 것이다. 그래야 다음 세상으로 나갈 수 있다."

연아는 훈련을 하던 어느 날 트리플 점프를 성공했다.

"드디어 트리플 점프에 성공했어. 내가 진짜로 한 게 맞나."

이때부터 크게 성장한 연아는 열두 살이 되기 전에 트리플 5종 점프를 모두 성공했다. 만 열두 살이 되기 전에 트리플 점프를 모두 뛴 선수는 우리나라 피겨 역사상 연아가 처음이었다.

그 후 연아는 데이비드 월슨이라는 안무가를 만난다. 그와의 만남을 통해 연아는 내면을 표현하는 능력에 눈을 뜨게 된다.

연아에게도 시련은 있었다. 아사다 마오라는 라이벌의 등장이었다.

2004년 핀란드 헬싱키에서 주니어 그랑프리 파이널 대회가 열렸다.

아사다 마오는 트리플 악셀을 성공시키며 대회에서 우승했고 연아는 은메달을 차지했다.

"저렇게 어려운 기술을 성공시키다니 대단한걸. 나도 분발해야겠어. 이대로 질 수 없지."

연아는 훈련에 매진했다. 그 결과 2006년 슬로베니아에서 열린 경기에서 아사다 마오를 꺾고 우승했다. 하지만 연아가 아사다 마오와 경쟁만 한 것은 아니었다. 아사다 마오가 있기에 더 피겨연습에 분발할 수 있었다. 연아와 마오는 같은 길을 걸어가는 동반자이자 친구로서 지냈다.

2010년 밴쿠버 올림픽에서 연아는 고대하던 금메달을 땄다. 연아가 흘린 눈물, 그것은 자신에 대한, 그리고 고마운 사람에 대한 감동에서 온 것이었다. 그 후 연아는 평창 올림픽 유치에 힘을 보태는 등 여러 가지 활동을 하였다. 하지만 얼마간의 시간이 지나고 다시금 올림픽에 매진하여 소치 올림픽에서는 은메달을 획득했다. 그녀는 말한다.

"나는 성공한 스타가 아니라 꿈을 향해 노력했던 스케이터, 김연아로 기억되고 싶다."

❀❀❀❀❀❀
생각해 봐요

I. 김연아의 삶에서 배울 점은 무엇인가요?

2. 내가 10년 이상 몰두하고 있는 게 있나요?

_____

3. 여러분은 어떤 사람으로 기록되고 싶나요?

_____

당신의 꿈을 응원한다.

자신의 꿈을 향해 달려간 김연아 선수에게 박수를 쳐주고 싶다. 그녀는 박수 받아 마땅하다. 그녀의 삶은 탄탄대로가 아니었다. 누구보다도 불안정했고 알 수 없는 길이었다. 그에게는 그 길을 걸어갈 모델 자체가 없었다. 불모지였던 피겨 스케이팅은 우리나라의 주력종목인 쇼트트랙과 비교한다면 하늘과 땅 차이였다. 연습경기장조차 구하기 힘든 상황이었지만 그녀는 묵묵히 자신의 꿈을 향해 전진하고 연습했다.

김연아 선수가 정상에 오른 지 10년도 넘는 세월이 지났지만 여기서 다시금 김연아 선수를 기록하는 것은 그만큼 김연아의 삶 자체를 남기고 싶기 때문이다. 그녀의 삶은 장차 어린 세대 그리고 미래에 태어날 사람들에게조차 영향력을 미칠 가능성이 크다고 생각한다.

최근의 연구에 의하면 성공이란 '그릿'의 강도에 있다고 한다. 그릿이란 끈질김, 인내, 성실함과 같은 가치들을 말하는 것이다. 김연아 선수의 성공은 그녀의 뛰어난 재능에도 있겠지만 그녀가 끈질기게 노력해서 얻어낸 것이다. 그녀의 열정의 온도는 100도씨 이상이다. 우리도 무언가를 얻어내기 위해서는 끈질김과 인내 그리고 집중과 몰입이 필요하다. 우리는 너무도 쉽게 무언가를 얻고자 하고 되지 않으면 포기하지 않는가. 지금 당신이 하고자 하는 것이 노다지일 수 있다. 어떤 것에 도전했다면 끝장을 보기 전에 절대로 포기해서는 안 된다. 바로 김연아처럼 말이다.

이혼녀에서
세계적인 작가로
조앤 롤링

〈조앤 롤링〉

❖

"나는 달리는 기차 안에서 창밖을 무심히 쳐다보고 있었다. 나의 지난 날을 생각하니 어둠이 몰려왔다."

"당신은 하루 종일 무슨 생각을 하는지 모르겠어." 그녀는 직장생활에 집중할 수 없었다. 늘 자기만의 세계에 빠져 상상에 몰두했기 때문이었다. 정확한 지시에 따라 행동해야 하는 비서일은 그녀에게 맞지 않았다. 그녀는 시간만 나면 종이에 자신에게 떠오른 이야깃거리를 메모하곤 했다.

"당신은 해고야."

그녀의 직장상사는 이렇게 말했다.

이후 그녀는 꿈을 찾아 포르투갈로 떠났다. 영어 교사로 일하면서 남편을 만나 아이도 하나 낳아 행복을 찾는 듯하였다. 하지만 이 행복은 오래 가지 않았다. 그녀의 남편은 폭력 성향을 보였던 것이다.

"당신과는 도저히 같이 살 수 없어."

그녀의 남편에게 이별 통보를 하고 이혼수순을 밟았다. 그리고 아이와 같이 영국으로 되돌아왔다.

"이혼과 실직… 결국 난 사회에서 완전히 실패한 도망자 신세이구나. 어린 딸은 어떻게 키워야 하는지…"

우울함 속에서 결혼에 대한 후회도 몰려왔다.

어린 시절 그녀는 상상하기를 좋아했다. 상상한 이야기를 가족에게 들려주기도 하였다. 비서로서는 실패했을지 몰라도 상상하기에 있어서는 최고의 경지에 오른 사람이었다. 그리고 거듭된 상상은 그녀에게 글쓰기라는 하나의 재능을 주었다.

그때 롤링의 머릿속에 하나의 이야기가 떠올랐다. 그것은 롤링이 5년여간 줄기차게 생각해 왔던 스토리였다. 마법사인 줄 몰랐던 한 소년이 진정한 마법사로 성장해 가는 이야기였다. 그녀는 실패했던 지난날을 딛고 일어서기로 결심했다. 그날부터 그녀는 카페에 나가 글을 썼다.

"오늘도 오셨군요."

다행히 카페주인은 하루 종일 앉아서 글을 쓰는 그녀를 위한 장소를 기꺼이 내어 주었다. 그녀는 11만 원가량의 최저 생활비로 버티면서 그녀의 모든 에너지를 글에 쏟았다. 때론 아이에게 맹물을 줄 때도 있었다. 그럴 때마다 정말 가슴이 아팠다.

"아가야 미안하다."

그녀는 아이에게 속삭였다. 하지만 글을 쓰고자 하는 의지는 더 강해졌고 글을 통해 성공하고 그녀의 딸을 부양하게 될 것이라는 꿈도 점점 커졌다. 그녀는 글을 쓰는 순간이 가장 행복했다. 그때는 모든 것을 잊고 글에만 집중할 수 있었다.

"글에만 집중할 수 있는 지금이 제일 행복해."

그리고 마침내 원고가 완성되었다. 하지만 원고를 완성했다고 꿈이 완료된 것은 아니었다. 그녀의 글을 팔아줄 에이전시가 필요했다. 여러 군데를 보냈으나 반응이 좋지 않았다. 그녀가 두 번째 절망을 하는 순간이었다.

"원고를 다시 보내야 하는데 복사비가 없다니."

그녀는 원고를 보낼 때마다 복사할 돈이 없어 다시 타이핑을 해야 했다. 다행히 어느 에이전시에서 그녀의 책이 발간되었고, 초판 500부를 찍게 되었다.

출판사에서조차 크게 기대하지 않았던 그녀의 책은 점점 인기를 끌기 시작했고 몇 달 지나지 않아 해리포터의 신화가 시작되었다. 그녀는 그 책을 7부작까지 완성했다.

영화로도 제작된 〈해리포터 시리즈〉로 인해 그녀는 수천억을 벌게 되었다. 영국 여왕보다 유명해졌으며 여왕보다 더 많은 돈을 벌었다. 단 한 시리즈의 소설로 성경 다음으로 많이 팔렸다는 베스트셀러의 저자가 되었다. 그녀는 말한다.

"내게 절망은 절망이 아니었다. 오히려 절망은 나로 하여금 인생에 있어 쓸데없는 데 관심을 갖는 것을 지우게 했다. 나는 글에만 오로지 집중할 수 있었고 글을 쓰는 데 집중했기에 성공할 수 있었다. 찬란한 빛을 보기 위해서는 어둠을 헤쳐 나가야 하며 나의 과거 역시 한때의 어둠에 불과했다. 이제 나는 자유를 누리고 있다. 그것은 오직 나의 해리포터 덕분이다."

생각해 봐요

1. 내가 조앤 롤링이라면 어떻게 했을까요?

_____

2. 조앤 롤링은 어떻게 역경을 이겨냈나요?

_____

3. 나에게 있는 하나의 장기는 무엇인가요?

_____

당신의 꿈을 응원한다.

누구나 하나의 장점은 있다. 그 장점에 오로지 집중할 수 있을 때 성공할 수 있다. 장점이라곤 하나도 없다고 생각해도 좌절하지 마라. 장점은 타고나는 것이 아니라 길러지는 것이다. 나이가 들어 여러 경험을 할수록 자신에 대해 많은 것을 알아가게 된다. 그리고 어떤 분야에서 내가 능력을 발휘할 수 있을지 깨닫게 된다. 물론 이 과정은 도전을 통해서만 가능하다. 수비적으로 삶을 살아서는 절대로 알 수 없는 게 바로 내 장점이다. 적극적으로 많은 일에 도전하는 과정에서 실패도 많이 겪지만 숨겨져 있던 나의 잠재력을 깨닫게 된다.

조앤 롤링의 장점은 상상력이었다. 그녀는 그 장점 때문에 비서로서의 직업을 잃었다. 그러나 그녀의 상상력은 글쓰기를 통해 발현되었고 그 상상력을 바탕으로 세계 최고의 소설가가 된 것이다. 때론 장점이 단점처럼 여겨질 때가 있다. 하지만 자신의 장점을 끝까지 믿어라. 그 믿음을 열쇠로 하여 자신의 문제를 해결할 수 있을 것이다.

무술의 달인
성룡

〈성룡〉

"나와 스턴트 팀 성가반이 오래도록 고수해 온 한 가지 신념이 있다. 우리는 왜냐고 묻지 않는다. 그저 죽기 살기로 할 뿐이다."

"사실 나는 아주 평범한 사람이다. 단지 평범하지 않은 일을 겁 없이 했을 뿐이다."

성룡의 액션영화에 대역은 없다. 성룡은 본인 스스로 모든 신을 찍는다. 이런 성룡의 어린 시절은 무술에 대한 관심으로 가득했다.

"이얍, 나의 주먹을 받아라!"

"그만하라구, 성룡!"

"성룡 또 무술연습이냐. 넌 꿈이 뭐야?"

"난 세계적인 무술 배우가 되는 게 꿈이야."

성룡은 어린 시절 학교를 다니지 않았다. 그는 대신에 무술학교를 다녔다. 그때 배운 무술을 바탕으로 영화를 찍었다.

〈프로젝트 A〉라는 영화를 찍을 때였다. 이 영화에서 가장 중요한 스턴트 신이 있었다. 성룡이 길에서 추격전을 벌이다가 깃대를 타고 올라가 시계 탑 꼭대기로 펄쩍 뛰어 올라간 다음 다시 바닥으로 떨어지는 장면이었다. 이 영화는 성룡에게 특별한 의미로 남는다. 그의 인생에 중요한 트레이드마크, 즉 고난도 스턴트신을 대역 없이 직접 찍는 배우라는 이미지를 준 영화였기 때문이다.

"성룡은 대역 없이 스턴트 신을 모두 자기가 찍는대."

"그 친구 영화를 봤는데 대단하더군. 몸을 사리지 않아."

"성룡 영화는 재미있어."

사람들의 반응은 대단했다. 영화는 공전의 히트를 치며 성공했다.

〈폴리스스토리〉를 찍을 때도 성룡은 목숨을 걸었다. 성룡은 크리스마스 전구가 가득 매달린 로비 중앙의 기둥을 타고 미끄러져 내려와 유리 천장을 뚫고 쇼핑몰의 대리석 바닥으로 떨어져야 했다. 그가 뛰어내려야 할 높이가 대략 30미터쯤 되었다.

성룡은 말한다.

"나는 그 장면을 찍기 위해 부상을 당했지만 끝나고 나면 뿌듯하고 자랑스럽다. 나의 스턴트 신은 영원히 기록될 것이기 때문이다."

〈용형호제〉를 찍으면서는 인생에서 가장 큰 부상을 당했다. 성룡은 죽을 고비를 넘기고 수술을 받은 뒤 간신히 살아났다. 하지만 그는 후회하지 않는다고 한다. 한번은 표범에 물릴 뻔하기도 했다. 하지만 성룡은 그 사건들이 모두 추억인 듯 말한다.

성룡은 영화의 성공으로 20대에 이미 천만 장자가 되었다. 처음에는 그 돈을 자신을 과시하는 데 많이 사용했다. 성룡은 말한다.

"사람은 누구나 노력만 하면 성공할 수 있어."

성룡의 개런티는 2000만 달러까지 올랐다.

가난뱅이였던 성룡은 부자가 되고 돈을 흥청망청 썼으나 차츰 기부의 즐거움을 알게 되고 그때부터는 기부를 많이 하였다.

성룡은 공부를 배우지 못했다. 그래서 그게 가장 후회된다고 말한다.

"청소년 여러분, 공부에 매진하세요."

성룡이 청소년이 다닐 수 있는 학교 만들기에 힘쓰는 것도 다 그런 이유에서다.

승승장구한 것 같은 성룡의 인생이지만 그에게도 좌절은 있었다.

한번은 제작자와 감독이 돈을 들고 잠적하는 바람에 개런티도 받지 못했다. 당연히 영화는 개봉도 되지 못하고 성룡의 인생 첫 주연 경력도 그렇게 물거품이 되었다.

그리고 할리우드 진출 첫 영화였던 〈배틀 크리크〉도 흥행에 참패했다. 하지만 〈차이니즈 조디악〉, 〈상하이 눈〉, 〈러시아워〉, 〈홍번구〉 등 성룡 주연의 여러 영화가 할리우드에서 성공하며 그는 세계적인 배우가 되었다.

성룡이 생각하는 성룡영화의 특징 6가지를 말한다.

"첫째, 나는 한 번도 전지전능한 영웅을 연기하지 않았다. 둘째, 내 영화의 시나리오에는 액션신에 대한 자세한 묘사가 없다. 셋째, 목숨 건 액션신이 등장한다. 넷째, 시나리오를 창작할 때 액션 장면부터 출발한다. 다섯째, 전 세계를 돌아다니며 촬영한다. 여섯째, 나의 모든 영화는 긍정적인 가치관을 담고 있다."

무술 배우를 꿈꾸던 어린아이는 성공적으로 세계적 흥행 배우가 되었고 이제는 삶을 돌아보는 시기를 맞았다. 하지만 그가 영화를 통해 남긴 기쁨과 즐거움은 영원히 우리와 함께할 것이다.

⚜⚜⚜⚜⚜ 생각해 봐요

1. 영화 성공 초기의 성룡처럼 자만한 적은 없나요?

_____

2. 성룡처럼 목숨을 바쳐 하고 싶은 일은 없나요?

_____

3. 나의 직업에 어떤 마음가짐을 가지고 임해야 할까요?

_____

당신의 꿈을 응원한다.

많은 이들 이 성룡을 잘 알고 있다고 생각할지도 모른다. 하지만 우리는 영화 속에서만 그를 자주 보았지 직접 만나 본 것이 아니기에 실제 성룡이 어떤 사람인지는 잘 모를 것이라고 생각한다. 성룡에 관한 책을 읽고 나서야 성룡에 대해서 조금 알게 된 느낌이었다. 그는 한 사람의 무술인이었다. 영화를 찍기 시작하고 운 좋게 몇몇 영화가 성공하면서 대스타로 많은 부와 명예를 누렸다. 그가 누리는 부와 명예가 부러울지도 모른다. 하지만 그가 목숨을 건 영화 장면을 찍기 위해 노력한 스크린의 뒷모습은 잘 알지 못하고 알려 하지도 않는다.

모든 직업이 그러하겠지만 빛과 어둠이 있기 마련이다. 영화배우 같은 직업은 화려함으로 차있지만 그 세계 내에서도 어둠은 있는 법이다. 그 사실을 알았기에 성룡은 자신의 쾌락을 더 추구하는 데 힘쓰지 않고 자선에도 많은 관심을 기울였던 것 같다.

성룡은 오락액션영화가 가지는 기능보다 더 많은 영향력을 세계에 끼쳤다. 그의 영화는 밝은 세계를 지향하며 사람들에게 꿈과 희망을 심어준다. 성룡의 영화를 본 우리는 그런 면에서 그에게 빚진 셈이다.

아이폰의 아버지
스티브 잡스

〈스티브 잡스〉

✤

스마트 폰이 발명된 지는 몇 년 되지 않았다. 하지만 스마트 폰은 사람과 세계를 바꾸어 놓았다. 스마트폰을 처음 발명한 아이폰의 아버지, 바로 스티브 잡스이다. 스티브 잡스는 세상을 떠났지만 그가 발명한 발명품과 그의 정신은 아직도 세계를 바꾸고 있는 중이다. 하지만 그 역시 인생의 모든 면에서 성공한 것은 아니었다. 그의 대학시절 그는 방황하는 한 청년에 불과했다.

"오늘도 나는 빈 병을 줍는다. 그건 내 생활비를 위해서이다. 나는 양부모 밑에서 자랐다. 하지만 양부모들이 나의 비싼 학비를 부담하게 하는 것은 나에게 죄책감을 준다. 그래서 나는 대학에 진학하는 것을 포기하기로 했다. 대신에 몰래 대학에 들어가 서체에 대한 강의를 들었다. 그리고 나의 차고에서 사업을 시작하기로 했다. 나는 내 자신에 대한 정체감을 찾기 위해 인도여행을 떠났던 적이 있다. 나는 이른바 히피였다. 그리고 그곳에서 충격을 받았다. 기존 세계관이 부서지는 경험을 했다. 그곳에서 돌아온 후 이 사회와 이 시대를 위한 무언가를 만들기로 결심했다. 나는 우주를 감동시키자는 마음가짐으로 일하기 시작했다."

그는 친구의 소개로 컴퓨터광 스티브 워즈니악을 만나게 된다. 공통점이 많았던 스티브 잡스와 워즈니악은 금방 친해진다. 이윽고 스티브 잡스는 차고에서 사업을 시작한다. 운 좋게 사업에 성공한 스티브 잡스는 젊은 나이에 백만장자가 된다. 하지만 그 행운은 오래가지 않는다. 자신이 세운 회사에서 쫓겨나고 만 것이다. 고집스럽고 상대방을 생각하지 않는 외골수의 성격 탓이었다.

"맙소사, 내가 만든 회사에서 쫓겨나다니 이게 현실인가? 나를 쫓아내다니 어떻게 그럴 수가 있지!"

스티브 잡스는 분통을 터뜨렸다. 하지만 상황은 달라지는 게 없었다. 그는 이내 마음을 다잡고 다시 도전하기로 했다.

"그래, 새 사업을 시작해 보는 거야."

그는 픽사를 인수했고 토이스토리라는 애니메이션을 만들어 낸다.

"맙소사, 인형이 움직이잖아?"

"마치 인형이 살아있는 것 같아."

"스토리도 재미있군!"

토이스토리는 흥행에 성공한다. 토이스토리의 흥행을 바탕으로 스티브 잡스는 애플을 인수했다. 그 당시 애플은 실적 부진으로 회사가 힘든 시절이었다. 그는 다시 애플을 살리기로 한다.

"그래, 우주가 놀랄 만한 제품을 만드는 거야."

그렇게 해서 아이팟이 탄생하게 되었다.

"제 철학은 심플입니다. 단순화된 디자인으로 기존의 제품을 업그레이드하십시오."

아이팟은 엄청나게 팔려나가며 세계를 휩쓸었다. 그의 도전은 계속되었고 뒤이어 아이패드, 아이폰이 탄생하면서 스마트폰의 역사가 시작되었다.

"버튼 하나로 조작이 가능한 기기, 그게 제 디자인 철학입니다. 다 같이 그런 제품을 만들어 봅시다."

스티브 잡스는 함께 일하는 직원들에게 동기를 불어넣었고 그의 숨결에 따른 제품들이 탄생하기 시작했다. 사람들은 그가 내놓은 새로운 제품에 열광했다.

"디자인도 예쁘고 기능도 우수하네요!"

사람들은 그의 제품의 마니아가 되었다.

그의 의지에 따라 만들어진 아이팟, 아이패드, 아이폰은 세계를 휩쓸었고, 애플은 시총 1위 회사가 되었다. 그는 말년에 암에 걸리고 만다. 하지만 그는 언제 죽을지 모르는 이 상황이 보다 현실을 선명하게 해준다고 말한다. 그는 질병조차도 자신을 깨우치는 죽비와 같이 여겼던 것이다.

그는 스탠포드 대학졸업식 축사에서 다음과 같이 말했다.

"다른 사람들의 의견이 여러분의 내면으로부터 들려오는 소리를 가로막는 잡음이 되지 않도록 주의하세요. 무엇보다도 여러분의 심장과 직관이 이끄는 대로 살아갈 수 있는 용기를 가지시기를 당부하고 싶습니다. 여러분의 심장과 직관이야말로 여러분이 원하고 여러분이 되고 싶어 하는 바로 그 모습을 이야기해 줍니다.

늘 배고픈 상태로 늘 어리석은 상태로 머무르십시오. 그것이 대학을 졸업하며 새로운 삶을 시작하는 여러분께 전해 드리고 싶은 메시지입니다."

그는 질병을 극복하지 못하고 떠났지만 그의 철학과 그의 제품들은 영원히 우리들의 가슴속에 남을 것이다.

❀❀❀❀❀❀
생각해 봐요

1. 스티브 잡스에게 배울 점은 무엇인가요?

_____

2. 스티브 잡스는 어떤 점이 달랐나요?

_____

3. 내가 애플 같은 기업을 만들려면 어떻게 해야 할까요?

_____

당신의 꿈을 응원한다.

스티브 잡스는 독특한 인물이다. 그는 정규 교육과정을 통해 형성될 수 있는 인물은 아니라고 본다. 그의 천재성은 타고난 면이 많다. 하지만 그 역시 혼자서 자라난 괴물은 아니다. 가족, 친구, 그리고 여러 선생님의 도움을 받아 조금씩 성장했다. 성인이 된 이후로는 자신의 판단에 의해 행동했지만 그 역시 많은 도움을 받았던 어린이였다. 그의 철학은 바로 다르게 생각하는 것이다. 이런 스티브 잡스의 철학이 한때 우리나라에서 유행한 적이 있다. 남과 달라지는 것을 두려워하지 않았던 그의 자세는 눈치보기와 보신주의가 가득한 우리나라 사회에 많은 영향력을 주었다. 물론 지금도 필요한 철학이다. 자라나는 청소년들이 스티브 잡스의 철학을 본받아 새로운 생각을 가지고 사회 속에서 도전하기를 바란다.

그는 다음과 같은 말을 남겼다. "어리석고 배고픈 상태로 남아라." 이미 젊은 나이에 백만장자가 되었지만 계속해서 끊임없이 도전한 그의 인생을 반영하는 말일 것이다. 그는 죽음의 위기를 통해 오히려 현실을 더 잘 들여다볼 수 있었다고 말하며 죽음조차도 긍정하는 모습을 보였다. 스마트 폰의 등장으로 새로운 인류를 뜻하는 '포노 사피엔스'라는 말까지 생기게 되었다. 앞으로의 미래는 어떻게 될까. 부디 한국인들이 미래 사회를 주도하여 새로운 기기와 제품을 발명해 내 시대를 주도하는 역할을 했으면 좋겠다. 그 과정에 스티브 잡스의 다름에 대한 철학이 많은 도움이 될 것이다.

2부

끈기

말썽쟁이에서
진화론의 아버지로
다윈

〈다윈〉

"넌 집안의 망신이다. 쓸데없이 동물 기르기나 곤충잡기에만 관심이 있고 뭐하는 거니? 우리집안은 의사집안인 것 모르니! 의사가 되지 않으면 넌 의미가 없어."

다윈은 어릴 때부터 아버지의 야단을 맞았다. 부진한 성적에 관심이라곤 동물이나 식물 채집뿐인 다윈을 아버지는 못마땅해하여 몹시 야단쳤다. 하지만 다윈은 의사가 되는 것에는 도저히 흥미가 없었다.

"난 피를 무서워한다고."

다윈은 의대에 진학하나 얼마 다니지 못하고 그만두고 만다. 그런 그에게 아버지는 말했다.

"목사가 되어보는 것은 어떠니, 네가 좋아하는 연구를 하면서 살 수 있을 거다."

하지만 다윈은 목사가 되기 위한 공부도 하지 않았다. 그는 딱정벌레 같은 곤충과 식물의 수집에만 힘썼다. 하루는 산에 가서 희귀한 딱정벌레를 잡았다.

"신기하게 생긴 녀석인걸. 가지고 가야지."

잠시 후 다윈은 또 하나의 딱정벌레를 보게 되었다.

"아니 저기도 처음 보는 신기한 녀석이 있잖아? 근데 내가 잡은 딱정벌레는 어떻게 하지? 할 수 없다. 입안에 넣어 가져가자."

다윈은 딱정벌레를 입에 넣었다. 그 순간 벌레는 독액을 내뿜었다.

"아이고 매워!"

다윈은 놀라서 소리치며 딱정벌레를 뱉었다. 그는 이렇듯 자연 속에서 동식물을 채집하는 일에 몰두하며 하루를 보냈다. 하지만 어둠이 깔리자 불현듯 아버지의 꾸중이 들려오는 것 같았다.

"넌 집안의 바보가 되고 싶으냐?"

"난 집안의 바보인가. 내 신세야! 하지만 내게도 좋아하는 게 있어. 혹시 그게 나에게 기회가 되지 않을까? 그래, 난 자연이 좋아. 자연을 연구하는 자연 과학자가 될 거야!"

이렇듯 결심을 굳힌 다윈에게 기회가 왔다. '비글호'라는 세계를 일주하는 큰 배에 탑승하게 된 것이다. 아버지는 반대하였지만 친척의 도움으로 다윈은 비글호에서 박물학자로 연구를 할 수 있게 되었다.

"내게도 기회가 왔어. 자연물들을 더 관찰할 수 있는 좋은 기회야."

다윈은 기뻐했다. 처음에는 배 멀미에 힘들어했으나 차츰 익숙해지면서 자신의 장기인 동식물 표본 수집에 힘을 쓸 수 있었다. 배는 항해 중에 갈라파고스라는 섬에 이른다. 다윈은 처음엔 갈라파고스 섬에 흥미를 느끼지 못했다.

"여긴 별다른 생물체가 없는 것 같군."

하지만 그는 이윽고 갈라파고스의 생태계에 눈길이 가 연구를 계속하게 된다. 여기서 발견, 연구를 하게 된 핀치새에 관한 자료는 그가 진화론을 세우는 데 큰 도움이 된다. 갈라파고스 섬에 들어가 생태계를 관측하던 다윈은 많은 양의 동식물을 수집해 자신의 고국으로 돌아온다. 그리고 그 자료들을 숙고한 결과 자연선택이라는 진화 이론의 핵심을 발견하게 된다.

"그래, 핀치의 부리들은 그들이 사는 장소에 따라 조금씩 변화했던 거야. 자연 생물들은 다 진화된 거야. 왜 사람들은 그동안 이런 사실을 밝혀 내지 못했을까."

그러던 중 다윈은 한 편지를 받게 된다. 그것은 자신처럼 연구를 해오던 월리스로부터 온 것이었다.

"앗 이럴 수가! 내 연구와 똑같잖아."

다윈은 월리스의 연구가 자신의 자연선택이론과 똑같다는 것을 발견하고 함께 자연선택과 진화론에 관련된 공통 논문을 내었고 이내 화제가 되었다.

하지만 다윈의 앞날이 밝았던 것은 아니었다. 다윈은 유명해졌지만 수많은 비판에 부딪혔다. 다윈의 진화론은 초판에서 후판으로 갈수록 많은 개정을 거쳤고, 신의 존재를 인정하는 듯한 내용을 후판에 싣기도 했다.

그러나 다윈은 뉴턴과 함께 영국을 대표하는 유명한 과학자로 선정되었으며 그의 연구에서 파생된 개념은 사회의 각 분야에 널리 쓰여 다윈 혁명이라는 말을 낳게 되었다. 어릴 때는 그저 동식물을 좋아하던 말썽꾸러기가 그렇게 큰 과학자가 된 것은 자신의 장점을 굳게 믿고 연구에 힘쓴 다윈 본인과 그를 지원해 준 가족 친척들의 공로가 컸다. 우리 사회에 다윈과 같은 과학자가 출연하려면 형식에 얽매이지 않고 사회의 눈치를 보지 않는 교육을 통해서 아이들의 재능을 북돋아주는 교사가 필요할 것이다. 우리 사회가 그 역할을 감당하기를 기대해 본다.

⚜⚜⚜⚜⚜⚜
생각해 봐요

1. 다윈처럼 잘하는 것이 있나요?

_____

2. 다윈이 진화론을 발견할 수 있었던 계기는 무엇인가요?

_____

3. 다윈집안은 과학자 집안이었습니다. 우리 집안의 전통이자 내력은 무엇인가요?

당신의 꿈을 응원한다.

다윈은 꿈을 이룬 사람이다. 그의 아버지는 그를 의사로 만들려고 했지만 그는 자연과학자가 되기로 굳게 마음을 먹는다. 그가 아버지의 말에 굴복해 의사가 되었다면 어떻게 되었을까. 실력 없는 의사가 되었을 뿐만 아니라 자신의 직업과 아버지를 저주하면서 인생을 보냈을 것이다. 하지만 그는 자신의 꿈에 대한 고집을 굽히지 않았고 비글호에 탑승하는 행운을 얻어 인류역사상 사람들에게 큰 영향을 미친 진화론을 발견하게 된다. 우리는 부모님으로부터 많은 것을 받고 자라나지만 꼭 부모님의 의견이 옳은 것은 아니다. 자신의 삶은 자신이 사는 것이며 자신에 대해서는 누구보다도 자신이 제일 잘 안다. 부모나 선생님에게 굴복한 사람들은 인생을 시시하고 재미없게 살아가다가 죽는다. 하지만 자신의 장기인 꿈을 펼치기로 한 사람은 자신의 꿈을 실현할 뿐만 아니라 성공하고 즐겁게 살아갈 수 있다. 물론 그 길은 쉽지 않다. 부모님은 자신의 뜻을 따르지 않은 당신에게 지원을 끊을 수도 있다. 집안에서 내쫓으려고 할 수도 있다. 하지만 그런 어려움 속에서도 자신의 뜻을 굽히지 않은 사람들은 모두 다 성공한 인생을 거두었다. 이제 당신 차례이다. 부모님의 말과는 다르게 당신의 가슴속에서 솟아나는 꿈은 무엇인가. 그 꿈을 위해 살아보지 않겠는가.

꼴찌에서
2차 세계대전의 영웅으로
처칠

〈처칠〉

⚜

"꼴찌는 또 처칠이구나."

선생님의 말에 처칠은 기가 죽었다.

"난 왜 꼴찌일까."

"넌 문제아야!" 친구들이 놀렸다.

처칠은 학창 시절이 삭막하고 불행했다고 기억한다. 그는 세 군데의
기숙학교를 다녔고 학교를 떠난 후에야 본격적으로 공부했다. 그런 면에

서 그는 독학생이다. 처칠은 명문으로 유명한 해로(Harrow)학교를 다녔으나 고전어도 수학도 잘하지 못했다. 그러나 역사를 좋아했고 로버트 서머벨이라는 훌륭한 영어 교사를 만나 영어를 쓰고 말하는 법을 배웠다.

'내게도 잘하는 게 있을 거야.'

처칠은 생각했다. 어린 시절부터 납으로 만든 장난감 병사를 1500개나 모아서 그것을 가지고 전쟁놀이를 즐겨했던 것이 떠올랐다.

"그래, 군대가 내 체질이야."

처칠의 어머니는 그에게 용기를 불어넣었다.

"매일 2시간씩 운동하고 5시간씩 독서를 하렴."

처칠은 독서와 운동을 하면서 달라지기 시작했다.

"그래! 난 영어와 역사에 자신이 있어."

그는 뛰어난 영어와 역사 실력을 바탕으로 자신감을 찾아가기 시작했다. 사관학교에도 여러 번 떨어졌으나 굴하지 않고 도전해 기병대에 들어갈 수 있었다.

"여기서 시작해 보자."

처칠의 성적은 사관학교에서 150명 중 8등에 해당하는 우수한 성적이었다.

"난 군대 체질이야."

그는 인도에서의 전투에서 종군 기자로 활약했다. 그 전투에서 처칠은 전쟁의 참혹상과 실체를 모두 확인하게 된다. 그는 그 전쟁 이후 자신의 경험을 『말라칸드 야전군 이야기』라는 제목의 책으로 남겼는데 이 책은 영국 전역에서 큰 인기를 끌게 되었다.

그는 전쟁이 끝난 영국에서 여러 양서를 읽으며 자신의 내면을 발전시키는 데 힘쓴다. 보어 전쟁이 발생하자 종군 기자 신분으로 그 전쟁에 뛰어들었다가 포로가 되고 말았으나, 목숨을 건 탈출을 감행해 조국으로 돌아오게 된다.

처칠은 보어 전쟁 때의 활약을 바탕으로 인기가 높았다. 처칠은 그 인기를 바탕으로 정치계로 진출하기로 마음먹는다.

"아버지처럼 정치가 하고 싶어."

"처칠을 의원으로!"

사람들은 처칠에게 환호했다. 처칠은 당당히 선거에서 승리를 거두었다. 하지만 처칠이 승승장구한 것은 아니었다. 1929년 처칠은 공직에서 물러났다. 그리고 1939년까지 정치적 황야에 머무른다. 그의 경력에서 가장 큰 공백기였다. 이것은 처칠이 버려진 채 세월을 보낸 날이었다. 그의 어린 시절의 좌절에 이은 가장 큰 좌절의 시간이었다. 하지만 처칠은 묵묵히 이 시간을 이겨낸다.

"이 위기를 이겨내면 다시금 기회가 올 거야."

처칠은 생각했다. 1차 세계대전이 끝나고 나서 영국은 경제적인 어려움에 처해 있었다. 처칠은 독일의 상황을 살피며 전쟁의 위험을 경고했지만 전쟁에 지친 영국 국민들은 처칠의 말을 무시하였다.

"처칠은 젊을 때부터 전쟁을 좋아하던 전쟁광이야."

"또 전쟁을 하려고 하는군. 처칠은 영 아니야."

하지만 처칠의 국제 정세 판단은 정확했고 결국 히틀러의 독일은 2차 세계대전을 일으키게 되었다. 독일군은 순식간에 유럽 전역을 장악했고 영국도 위험에 빠졌다. 많은 국민들이 전쟁을 포기하라고 했지만 처칠은 절대로 포기하지 않았다. 영국이 무너지면 끝장이라는 생각을 처칠은 가지고 있었다. 그러나 영국의 피해는 계속 누적되었고 처칠을 비난하는 소리도 커졌다.

하지만 처칠은 하원에서 이렇게 연설했다.

"우리는 마지막까지 전진할 것입니다. 어떤 대가를 치르더라도 조국을 지킬 것입니다. 절대로 항복하지 않을 것입니다. 프랑스에서 싸우고 하늘에서, 바다에서 싸울 것입니다."

노르망디 상륙 작전이 성공하면서 처칠과 유럽 연합은 전쟁에서 승리하게 된다.

처칠은 2차 세계대전의 경험을 담은 『제2차 세계 대전 회고록』을 출간하였다. 이 책으로 처칠은 노벨 문학상을 받게 된다. 이것은 개인적으로도 영광이었지만 전쟁역사를 잘 알려준 책으로도 손꼽힌다.

하지만 나이가 들면서 처칠의 건강 상태는 악화되었고, 총리직에서도 물러나게 되었다. 전쟁이 끝난 후 처칠의 인기는 떨어졌고 건강상태 역시 문제가 되었다.

처칠은 뇌졸중 발작을 일으키고 말했다.

"이제는 모든 것이 귀찮다. 편히 쉬고 싶다."

처칠은 1965년 1월 24일 오전 8시경 런던 자택에서 조용히 숨을 거두었다.

애연가이자 애주가였고 글쓰기와 그림그리기를 좋아했던 처칠은 영웅의 모습으로 우리들의 가슴에 영원히 기록될 것이다.

❀❀❀❀❀❀

생각해 봐요

1. 처칠처럼 잘하는 것이 있나요?

_____

2. 나의 약점과 강점은 무엇인가요?

_____

3. 자신의 약점을 극복하려면 어떻게 해야 할까요?

_____

당신의 꿈을 응원한다.

처칠은 영국을 2차 세계대전에서 승리로 이끈 능력 있고 훌륭한 총리였다. 그 역시 어린 시절부터 모든 것을 잘하지는 않았다. 라틴어나 수학 같은 과목은 낙제점을 받았다. 하지만 그는 거기서 인생을 포기하거나 절망하지 않았다. 자신의 장점인 영어나 역사에 관심을 갖고 매진한 것이다. 그 후 진로를 선택할 때도 마찬가지였다. 군사놀이를 했던 경험을 살려, 사관학교에 들어간 것이다. 거기에 들어가는 데도 능력이 딸려 세 번이나 시험을 봐야 했지만 그는 좌절하지 않았다. 사관학교에서도 입학성적이 좋지 않아 기병대에 들어갔으나 포기하지 않고 학업에 매진에 좋은 성적으로 졸업하기까지 한다. 그 후 처칠의 인생은 승승장구였다. 모험심과 용기 있는 성격의 그는 종군 기자로 활약했고 그 활약을 바탕으로 정치계에 진출할 수 있었다. 그는 어린 시절에는 말썽꾸러기이자 문제아로 아버지의 그늘에 가려 있었으나 어느새 아버지보다 더 큰 정치인이 되어 영국을 세계적인 국가로 이끈다.

그의 좌절극복에는 어머니의 역할이 컸다. 그녀는 처칠에게 운동과 독서를 권하면서 그의 인생을 바꾸어 주었다. 처칠은 인도에 있었던 시간 동안 충실히 양서를 읽어가면서 자신의 삶을 바꾸기 시작한다. 운동과 독서는 현대 우리의 자기계발 목표에도 자주 오르내리는 것이다. 이는 처칠 시대에도 마찬가지였다. 건강한 몸은 더 자신감을 가지고 사회로 진출할 수 있도록 하며 많은 독서는 지식을 쌓게 하여 우리가 어떤 일이든 잘할 수 있게 도와주는 역할을 한다. 이런 처칠에게서 우리는 자기계발의 비법 역시 배워볼 수 있는 것이다. 우리는 처칠을 포기를 몰랐던 영웅이자 훌륭한 지도자로 기억하고 있다. 많은 젊은이들이 이런 처칠정신을 이어받아 우리 사회의 승리자가 되기를 소망해 본다.

짐승에서
세계적인 인물로
헬렌 켈러

〈헬렌 켈러〉

✣

"나는 짐승이었다. 앤 설리번 선생님을 만나기 전까지 나는 절망을 안
은 채 어둠속에 던져진 채 있었다."

"나는 어린 시절 정상이었다. 그랬는데 열병에 걸려 청력과 시각을 잃
었다."

헬렌은 시력과 청력을 잃고 절망한 채 자기 멋대로 행동했다. 헬렌의
아픔은 헬렌의 무절제한 행동으로 이어졌다. 어린 헬렌을 가엽게 생각

한 부모님은 헬렌을 제지하지 않았다. 하지만 설리번 선생님이 오면서 달라졌다. 설리번 선생님 역시 시력을 잃을 뻔했지만 회복하고 선생님으로서 일하기 위해 열심히 공부한 사람이다. 특히 장애인들을 교육하기 위한 열정을 갖고 있던 선생님이었다. 설리번 선생님은 헬렌을 짐승에서 인간으로 만들어준 사람이다. 그녀는 헬렌에게 단어를 알려주기 위해 손바닥에 글씨를 적어가면서 헬렌에게 문자를 알려주었다.

"헬렌, 이것은 doll이야. 그리고 이것은 cup이야." 설리번은 헬렌의 한 손에 물건을 쥐어주고 다른 한 손의 손바닥에는 글자를 적었다. 수돗가로 가서는 헬렌의 손에 물이 흐르게 했다. 그리고 헬렌의 손에 water라는 글자를 썼다.

헬렌은 처음에는 전혀 이해하지 못하고 계속 반항했다. 하지만 한 달 두 달이 지나고 설리번 선생님의 말을 이해했다.

헬렌은 문자를 익혔고 점자책을 읽어가면서 새로운 눈을 떴다.

"아, 이게 점자책이란 거구나. 내게도 이제 희망이 보여."

헬렌은 생각했다. 그녀는 소리 내는 법도 배워서 말로서 사람들에게 자신의 의견을 전달하는 법을 배웠다. 처음에는 힘들어했으나 설리번 선생님의 도움과 본인의 끊임없는 노력으로 말하는 실력이 늘었다. 이런 그녀에 대한 소문이 퍼져 그녀는 유명인사가 되었다. 그녀는 자신의 유명세를 자신과 같은 장애인들과 노동자를 돕기 위해 쓰고 싶었다. 그래서 활발하게 교류하고 연설을 다니며 활동하였다. 그녀는 다음 목표로 대학에 다니는 것에 도전했다. 아버지는 말했다.

"여자가 그것도 장애인이 대학에 가겠다고? 말도 안 되는 소리다. 헬렌. 넌 아무것도 이해하지 못하고 놀림거리만 될 거야."

당시에는 여자가 대학에 가는 일은 드물었고 그것도 장애인이 공부를 한다는 것도 불가능하다고 여겨졌다. 그러나 헬렌은 포기하지 않았다.

"꼭 대학에 가서 공부할 겁니다. 그리고 성공할 겁니다."

헬렌은 설리번 선생님과 주위의 도움으로 대학에 진학할 수 있었다. 하지만 대학에서 공부하는 일은 쉽지 않았다. 그녀를 제외한 학생들은 정상인이었고 그녀를 이해해 줄 사람은 설리번 선생님 말고는 없었다. 하지만 설리번 선생님의 헌신적인 도움과 그녀의 열정으로 대학수업을 듣기 시작했다. 그녀의 성적은 A를 맞을 정도로 좋았다. 그런 그녀를 의심하는 사람들이 많았다.

"설리번 선생님이 답을 말해주는 걸 거야. 어떻게 장애인이 높은 점수를 받겠어."

사람들은 수군거렸다.

"이건 제 실력이라구요. 억울해요."

헬렌은 억울했지만 어쩔 수 없었다. 결국 설리번 선생님과 떨어져 혼자 시험을 봤지만 그녀의 성적은 여전히 최고 성적인 A였다. 그녀의 활동 덕분에 장애인에 대한 인식은 많이 개선되었고 장애인을 차별하는 시선도 없어지기 시작했다. 특히나 그녀는 여성이었기에 여성에 대한 차별과 편견을 없애기 위해 노력했다.

그런 설리번에게 좋은 소식이 도착했다. 하버드에서 명예박사 학위를 준 것이다. 그것으로 그녀는 하버드에 가지 못한 아쉬움을 달랬다.

그녀가 사회운동에 참여하자 노동자들을 억압하던 많은 세력들이 그녀를 모함하고 비판했다. 하지만 그녀는 노동자야말로 자신과 같은 장애인들의 친구라고 생각하고 그들을 위한 연설을 멈추지 않았다.

그녀의 노력으로 그녀는 세계 8대 불가사의라는 수식어까지 들었다. 모두 그녀의 열정과 설리번 선생님의 노력 때문이었다. 그러던 중 설리번 선생님은 세상을 떠나게 되고 그녀 역시 슬픔에 잠겼다. 하지만 그녀를 돕는 이들은 많았고 그들의 도움으로 그녀는 남은 생애를 다른 사람의 인생을 바꾸기 위해 헌신했다. 그녀는 말한다.

"시력과 청력을 갖지 못한 것은 슬픈 일이다. 하지만 그보다 불행한 사람은 비전이 없는 사람이다."

그녀와 설리번 선생님의 헌신은 장애인과 비장애인을 넘어서 우리 가슴속에 영원히 남을 것이다.

❀❀❀❀❀❀
생각해 봐요

1. 나에게도 설리번 선생님 같은 선생님이 있었나요?

_____

2. 나에게도 장애와 같은 어려움이 있나요? 있다면 어떻게 극복하고 있나요?

_____

3. 주위의 반대를 무릅쓰고 사회 활동에 참여한 적이 있나요?

당신의 꿈을 응원한다.

　사람은 누구나 어떤 면에서 장애인이다. 어떤 사람은 눈이 안 좋아 안경에 의지하고 어떤 사람은 목소리가 좋지 않아 의사소통에 불편을 겪는다. 빨리 뛰는 달리기 선수에 비하면 빨리 달릴 수 없는 것도 장애이고, 신체가 잘 발달된 사람에 비하면 약골인 내 몸은 장애로 느껴질 수도 있다. 무엇보다도 세상에는 후천적인 장애인이 많다. 그들은 태어날 때는 정상이었지만 불가피한 사고로 장애인이 된 사람이다. 헬렌 역시 비장애인으로 태어났으나 질병으로 인해 장애인이 되었다. 누구나 장애인이 될 수 있다. 그렇기에 장애인들도 행복하고 자신의 뜻을 펼칠 수 있는 사회가 되어야 한다. 그게 바로 많은 사람들이 행복하게 살아갈 수 있는 사회이다.

　하지만 우리 사회는 여전히 장애인들을 차별하는 사회이다. 외국에 비하면 우리나라는 여러 사회적 시설 면에서 아직 장애인을 배려하는 장치가 허술한 편이다. 장애인에 대한 인식도 좋지 않다. 하지만 사회는 점점 장애인들의 인권과 그들의 삶을 실현할 수 있도록 도와주는 쪽으로 흐르고 있다. 누구나 장애인이 될 수 있기에, 그리고 누구나 장애인으로 태어날 수 있기에 그들의 인권과 삶을 보장해 주는 것은 만인의 행복에 기여하는 것이다.

　장애인들 중에는 헬렌처럼 설리번 선생님과 같은 사람을 만나는 사람도 많으나 대부분은 그렇지 못하다. 헬렌이 사회적으로 성공한 것은 본인의 노력도 있겠지만 설리번 선생님의 헌신적인 노력 때문이었다. 장애인이라도 편견을 가지고 냉대하지 않고 그들을 위해 노력하는 사람이 많아질 때 우리 사회에도 헬렌과 같은 사람들이 많이 나와 장애인과 비장애인을 구별하여 차별하지 않고 살기 좋은 사회가 될 것이다.

엉뚱한 소년에서
세계적인 발명가로
에디슨

〈에디슨〉

✢

에디슨의 공장이 불타고 있었다. 에디슨은 말했다.

"잘 보라고, 이런 구경거리도 없으니. 이 정도의 큰불은 어디서 보기 힘들어."

에디슨은 자신의 연구가 불타버려 다시 새롭게 시작할 수 있음을 감사했다고 한다. 어떤 인물이기에 이 같은 절망적인 상황도 긍정적으로 볼 수 있었을까. 그는 말한다.

"천재는 99%의 노력과 1%의 영감으로 이루어진다."

잠을 줄여가며 하루 16시간 이상씩 발명에만 몰두했기에 할 수 있는 말이었다. 범인인 우리는 따라잡기도 힘들다. 하지만 그의 시작은 쉽지 않았다. 어린 시절부터 그는 학교에서 문제아로 손꼽혔다. 하루는 새알을 품으면서 이렇게 말했다.

"새알을 부화시킬 거예요."

"새알은 오랫동안 어미가 품어야 한단다. 사람은 부화시킬 수 없어."

그의 어머니는 사람이 품어서는 새알이 부화할 수 없다고 에디슨에게 말해주었다. 새알이 깨지면서 작은 소동은 끝났지만 그의 호기심과 엉뚱함을 볼 수 있는 사건이었다. 그의 호기심과 궁금증은 선생님을 괴롭게 했다.

"사람은 왜 태어나게 되는 거죠?" "공기는 왜 이동하는 건가요?" "세상에 끝이 있나요?"

에디슨은 끝없이 수업시간에 질문했다.

"넌 뭐하는 애냐. 멍청한 질문만 하고 있구나."

선생님은 그런 에디슨을 골칫거리로 여겼다. 결국 에디슨은 학교에서 쫓겨났다.

"멍청한 애가 사라지니 학급 분위기가 좋군."

친구들도 에디슨을 싫어했다.

하지만 에디슨의 어머니는 에디슨을 포기하지 않았다.

"내 아이는 당신보다 똑똑해요."

선생님을 만난 에디슨의 어머니는 에디슨을 변호했다. 학교에서 쫓겨난 그는 스스로 책을 읽어가면서 공부를 하기 시작한다. 그는 어머니의 영향으로 과학에 대한 다양한 책을 읽고 발명가가 되기로 결심한다. 소년이 되어서는 열차에서 신문과 간식거리를 파는 일을 하면서 생계를 유지한다. 그는 이즈음 청력을 잃게 되는데, 그 이유로는 열차 차장에게 귀를 맞았다고 하는 설과 홍열병을 앓아서 그렇게 되었다는 설이 있다.

"귀가 잘 들리지 않는군. 하지만 연구에 더 집중할 수 있겠어."

그는 절망하지 않고 오히려 청력손실을 기쁘게 받아들이며 연구에 집중한다. 성인이 되어서는 낮에는 회사에서 일하고 저녁에는 발명을 하는 이중생활을 하기 시작했다.

"아, 낮에는 회사에서 일하고 저녁에는 발명일로 날을 새다니 참 힘들구나. 이 회사는 언제까지 다녀야 할까."

그는 회사에서 실험하는 것도 금지당하자 회사를 그만둘 생각을 하게 된다. 회사 생활은 그에게 환멸을 주었다. 그는 회사를 그만두고 자신이 진정으로 하고 싶은 일을 위해 발명에만 몰두했다. 그의 사업가로서의 능력은 그때부터 발휘되기 시작한 것이다. 하지만 그의 발명품들은 초기에는 사회에서 쓰임받지 못했다. 전자 투표 개표기를 발명했으나 실용성이 없어 연구 성과를 내지 못하고 이후로도 연거푸 발명했으나 성과가 없자 에디슨은 실망한다. 하지만 포기하지 않고 계속해서 발명을 한다. 그가 발명한 축음기, 영화상영기, 전화기, 그리고 그의 발명품 중 잘 알려진 밝기도 적당하고 수명도 오래 가는 전구의 발명은 그를 일약 성공한 사업가의 위치에 오르게 한다.

그의 발명은 결코 쉽지 않았다. 최초로 상업적으로 성공을 거둘 만한 전구를 발명하기 위해서 그는 많은 시간을 연구에만 몰두해야 했다.

"이번에도 실패군. 하지만 이것은 되지 않는 한 가지 방법을 알아낸 것뿐이야. 더욱 연구에 몰두하자."

연구에만 몰두하는 에디슨 때문에 에디슨의 아내는 우울증에 걸리고 젊은 나이에 죽고 만다. 에디슨은 절망하지 않고 새로운 아내와 다시 생활을 시작한다.

한때 에디슨은 교류와 직류 사용에 대해 테슬라와 논쟁했다. 에디슨은 직류 전류를 지지했고 테슬라는 교류를 지지했다. 미래의 승자는 교류를 지지한 테슬라로 돌아갔지만 직류 사용에 대한 연구도 지속되고 있다고 한다.

에디슨은 일흔이 넘어서도 연구에 몰두했다. 그가 마지막으로 계속한 연구는 천연 고무와 같은 재료를 찾는 것이었다. 그는 전지를 만들었고 전기 기관차를 만들었다. 그의 발명품들 중에는 사람들에게 알려지지 않는 것도 많다. 그는 비행기를 연구하기도 했고 자동차를 발명한 헨리 포드와 친분을 쌓기도 했다.

에디슨이 발명하여 특허를 낸 것은 1093개이다. 이것은 한 개인이 받은 특허 중에서 가장 많은 것이라고 한다.

"나는 내가 할 수 있는 모든 일을 다 했다."

그의 마지막 말이었다. 학교교육은 받지 않았지만 끝없는 탐구심으로 인류에게 수많은 발명품을 선사한 그는 우리들의 기억 속에 오래도록 남을 것이다.

생각해 봐요

I. 에디슨은 왜 발명을 했을까요?

_____

2. 에디슨처럼 하루 16시간씩 이상씩 무언가에 몰두해 본 적이 있나요?

_____

3. 에디슨의 성공 비결은 무엇일까요?

_____

당신의 꿈을 응원한다.

에디슨처럼 자신의 일에 몰두한 사람이 있을까. 그는 평생 16~18시간을 발명품연구에만 몰두했다고 한다. 그는 자신처럼 일에 몰두하면 누구나 성공할 수 있다고 주장했다. 그는 학교 교육에서는 인정받지 못한 문제아였다. 하지만 그가 문제가 있는 것은 아니었다. 오히려 그의 자유로운 호기심을 충족시키지 못했던 학교 교육에 문제가 있었던 것이다. 혹시 아이들의 호기심을 죽이고 있는 교육을 하고 있지는 않는가. 당신이 혹은 당신의 자녀가 창의성을 죽이는 교육을 받고 있다면 그 학교를 떠나야 한다고 생각한다. 에디슨이 학교를 계속 다녔더라면 그는 영원히 문제아로 남았을 것이다. 하지만 그는 학교 밖으로 떠났고 자신만의 공간을 찾아 발명에만 열중하여 세계적인 발명가가 되었다. 하지만 그의 성공은 쉽지 않았다. 어릴 때는 생계를 위해 기차에서 신문을 팔아야 했으며 성인이 되어서도 회사를 다니며 발명을 하는 이중생활을 견뎌야 했다. 우리 모두 역시 시간적으로나 경제적으로 자유롭지 못하다. 자신이 하기 싫은 직장생활을 하는 사람도 대부분이다. 하지만 진정으로 꿈이 있는 자는 자신이 하고 싶은 일을 하기 위해 저녁에 자신의 일을 하고 결국 자신만의 독립을 결정해 승리하는 삶을 산다. 당신이 진정으로 이기는 삶을 살고 싶다면 현실의 경제적인 압박감을 이겨내고 자신만의 신화를 써내려가야 한다. 그 과정은 결코 쉽지 않을 것이다. 창의적이고 도서관의 책을 다 읽을 정도로 지식이 많았던 에디슨도 하루 18시간을 일에만 몰두한 것을 생각해 보자. 당신이 에디슨의 정신을 조금이라도 받아들인다면 자신의 일에서 성공하고 사회적으로 성공하는 인생을 살아갈 수 있을 것이다.

통나무집에서 살다가
백악관의 주인이 된
링컨

〈링컨〉

"하느님의 은총 아래 이 나라를 다시 자유의 날로 거듭나게 하고 국민에 의한 국민을 위한 국민의 정부가 이 세상에서 사라지지 않게 몸과 마음을 바쳐 최선을 다해야 합니다."

링컨의 게티즈버그 연설은 연설 중에 최고로 손꼽힌다. 역사상 가장 존경받는 대통령인 그의 정규 교육기간은 단 1년에 불과하다. 학교도 제대로 다니지 못했던 그가 어떻게 미국역사상 가장 존경받고 사랑받는 대통령이 될 수 있었을까. 그의 과거로 떠나보자.

그는 어린 시절에 통나무집에서 살았다. 지독히도 가난했기에 집안일을 도우면서 살아야 했다. 그의 어머니 랜시는 황무지 개척자의 아내로서 가난한 시골생활을 잘 견뎌 냈다. 그녀는 바쁘고 힘든 생활 속에서도 자녀들을 돌보고 교육하는 일을 소홀히 하지 않았다. 링컨에게는 물질적인 풍요로움과 학교 교육을 시키지 못했으나 신앙과 꿈을 심어 주었다. 특히 성경에 나오는 인물들에 대한 이야기를 자주 들려주었다. 학교를 다니지 못한 링컨이 안타까워 나중에 그를 먼 곳에 있는 학교에 보냈으나 1년 만에 그만두고 아버지의 일을 도와야 했다. 하지만 링컨에게는 학구열이 있었다. 자신의 집에 책이 없었기에 이웃에게 책을 빌려 읽고 돌려주고는 했다.

"저 녀석 또 책을 빌리러 왔구나. 보고 싶은 책은 다 가져가거라. 원 저렇게 책을 좋아하다니."

이웃집 아저씨는 그런 링컨에게 책을 자주 빌려 주었다. 그에게 책은 꿀맛 같은 휴식이자 배움의 기쁨이었다.

"나는 책이 좋아. 책을 읽는 시간은 천국에 있는 것 같아."

링컨은 그때를 회고하며 말했다.

어린 시절부터 그의 친구였던 존 행크스는 다음과 같이 말했다.

"링컨은 대단한 책벌레여서 이웃집의 책을 다 보고 먼 마을까지 책을 빌려다 보곤 했습니다."

그의 책 사랑을 엿볼 수 있는 발언이다. 어린 시절 그가 소유한 책은 단 4권에 불과했다고 한다. 바로 성경, 워싱턴 전기, 천로역정, 이솝우화이다. 그 책들을 통해 그는 꾸준히 성장할 수 있었다.

세월이 흘러 그녀의 어머니 낸시는 어린 링컨에게 유언을 남기고 세상을 떠난다.

"하나님을 사랑하고 이웃을 사랑하는 사람이 되어라."

링컨은 가슴 깊이 그 말을 새겼다.

그는 독서와 자신의 신념이었던 정직과 성실의 힘만으로 사람들의 지지를 얻어 대통령이 된 사람이다. 하지만 그 역시 정치로의 진입이 쉽지 않았다. 처음 선거에서는 12명 중에 8등으로 낙선하게 된다. 하지만 그의 이웃들이 자신을 많이 지지했다는 것을 알고 자신감을 얻는다. 링컨은 생각했다.

"보다 많은 사람들의 생활을 돕고 싶어. 그런데 어떻게 해야 할까. 그래, 사람들의 생활은 법에 의해 유지돼. 법 공부를 해야겠어."

그는 정치에 있어 법을 아는 것의 중요성을 알고 스스로 법률을 공부해 변호사 자격증을 취득한다.

"드디어 변호사가 되었어. 이제 많은 사람들의 삶을 돕기 위해 힘쓰자."

링컨은 다짐했다. 이런 그의 생각은 그의 강의노트에 잘 담겨 있다.

'정직한 변호사가 되지 못할 것 같으면 변호사가 되지 말고 정직한 사람이 되자.'

당시 미국은 남부와 북부로 나뉘어 싸우고 있었다. 그 이유는 노예제도 때문이었다. 농장에서 노예를 부리는 남부지역에서는 노예제도를 찬성하고 있었고 북부 지역은 노예제도를 반대하고 있었다. 필연적으로 그 두 지역 간의 전쟁이 일어났다. 링컨은 전쟁이 일어나지 않기만을 바랐으나 전쟁이 터지자 어떻게든 승리하기 위해 노력하게 된다. 그는 초기의 패배에 불같은 화를 냈다.

"전쟁은 초반이 중요한 것을 모르오? 첫 전투에서 패배하다니 어떻게 된 일이오!"

그는 장군을 질책했다. 하지만 차츰 장군과 병사를 격려해 가며 전쟁을 승리로 이끌기 시작한다. 많은 패배에도 불구하고 결국 북부는 전쟁에서 승리하게 되고 노예제도는 폐지되게 된다.

1865년 4월 9일 남북전쟁이 끝났다. 링컨은 그의 아내에게 말했다.

"이상한 꿈을 꾸었소. 백악관 사람들이 내가 총에 맞아 죽어 슬퍼하는 꿈을 꾸지 않았겠소?"

링컨의 아내는 오늘 일과를 취소하자고 말한다. 하지만 링컨은 기분 전환을 하자며 연극을 보러 갔다. 하지만 그 꿈의 예상대로 링컨은 암살자의 총에 맞아 세상을 떠나고 말았다.

러시아의 문호 톨스토이는 링컨을 이렇게 극찬하였다.

"역사상 위대한 영웅과 위인들이 많지만 진정한 거인은 링컨 한 사람밖에 없다."

링컨은 세상을 떠났지만 링컨의 삶과 생전의 링컨의 정신은 오래도록 사람들의 기억에 남을 것이다.

생각해 봐요

1. 링컨이 대통령이 될 수 있었던 까닭은 무엇인가요?

_____

2. 링컨에게 배울 점은 무엇인가요?

_____

3. 내가 링컨이라면 무엇을 했을까요?

_____

당신의 꿈을 응원한다.

링컨이 떠난 지 150년이 지났지만 링컨은 아직도 미국인들의 가슴속에 남아 있는 가장 인기 있는 대통령이다. 그 이유는 그가 정직하고 훌륭한 성품을 가졌기 때문이다. 그는 아직도 예수 다음의 인기를 누리고 있다. 그 자신도 예수의 모습을 가지고 있다고 평가받는다. 어렸을 때 통나무집에 살 정도로 가난했고 겨우 9개월가량의 정규교육을 받은 그가 어떻게 그렇게 위대해질 수 있었을까. 그 이유는 그의 어머니의 가르침과 평생에 걸친 독서에 있다. 우리나라의 정주영이 나폴레옹 전기를 읽으며 위인을 꿈꿨듯이, 링컨 역시 어린 시절 책을 보면서 위인을 꿈꿨다. 링컨은 성경을 가장 많이 그리고 가장 열심히 탐독했으며 성경에 나온 대로 살기 위해 힘썼던 인물이다. 모든 책이 그렇듯이 책의 내용은 쉬울지 모르나 책대로 사는 것은 어려운 일이다. 그렇기에 우리는 책을 읽고 책에 있는 삶처럼 살기 위해 조금 더 노력하는 것이다. 동양 사회의 교과서였던 논어는 사실 어려운 책이 아니다. 어린 아이들이 보기에도 어려운 내용은 없다고 생각된다. 하지만 논어대로 삶을 사는 것은 다른 문제이다. 그렇기에 이병철 회장은 자신의 삶이 논어에만 국한되더라도 만족하겠다는 말을 한 것이다. 논어 절반으로 나라를 다스린다는 말도 있다.

링컨은 평생에 걸쳐 책벌레였던 시절과 정직하게 살라는 어머님의 가르침을 실천에 옮겼다. 그랬기에 그토록 큰 거인의 삶을 살았던 것이다.

사실 우리가 대학까지 나온다고 할지라도 그 지식이라는 것은 별거 아니다. 게다가 요즘처럼 급변하는 시대에 어제의 지식은 오늘엔 낡은 것이 되고 만다. 하지만 어린 시절에 배우는 정직, 신뢰, 인내, 성실과 같은 가르침은 나이가 들더라도 강력한 영향력을 발휘한다. 그래서 우리가 배울 것은 모두 유치원에서 배웠다는 말도 있다. 우리에게 필요한 것은 그런 기본적인 가르침을 현실의 내 삶 속에서 실천하는 것이다. 사회는 약삭빠른 사람들이 이기고 승리하는 것 같지만 진정한 영웅은 이러한 가르침을 실천하는 사람만이 될 수 있다. 우리는 링컨의 삶을 통해 그 점을 다시 한번 배우게 된다.

유럽을 지배하다.
축구 선수
손흥민

〈손흥민〉

"부상이다. 나는 절망했다. 축구선수의 삶은 외적으로 보는 것과는 다르다. 화려한 삶인 것 같지만 연습의 연속, 부상과의 싸움, 자기관리를 위한 자신과의 싸움이 끊이질 않는다. 일정 수준을 넘어서기까지 경제적으로도 어려움을 겪는다. 이런 말을 한다면 믿지 않을지도 모른다. 나는 손흥민이다."

"야, 축구 하러 가자!"

"넌 또 축구하러 가니?"

"쟨 축구에 미쳤다니까."

손흥민은 어린 시절부터 축구를 좋아하는 장난꾸러기였다. 아버지가 프로 축구 선수 출신이라서 자연스럽게 축구를 접하게 되었다. 흥민은 축구를 더 하고 싶다고 아버지에게 졸랐다.

"축구만 하고 싶어요."

선수출신인 아버지는 흥민을 교육시키기로 결심한다. 흥민은 학교가 끝나고 아버지의 훈련스케줄에 맞춰 리프팅 연습만 했다.

"이 공을 떨어뜨리지 않고 축구장을 한 바퀴 도는 거야."

아버지의 말에 공을 떨어트리지 않고 축구장을 도는 연습을 하기도 했다.

"운동장을 리프팅으로 세 바퀴 돌았어요. 왼발로 한 바퀴, 오른발로 한 바퀴를 돌고 양발로 한 바퀴를 도는 거죠. 진짜 어려웠어요."

어린 나이에 힘든 운동이었지만 흥민은 축구를 할 수 있음에 즐거워하기만 했다.

하루는 캐논슛 대회에 나가 게임기를 타게 된다. 그는 그 경험이 무척 기뻤다고 회상한다. 흥민의 아버지의 축구 철학은 바로 즐겁게 하는 축구였다. 즐거운 마음에서 더 좋은 선수가 될 수 있다고 믿었기 때문이다. 지금의 웃으며 게임을 즐기는 흥민의 모습은 어린 시절부터 아버지로부터 받은 교육에 의해 훈련되었다. 그리고 그 마음이 그를 성공하게 만드는 발판이 되었다.

흥민은 어렸을 때부터 축구 선수가 되는 꿈, 그리고 유럽에서 뛰는 꿈을 가지고 있었다. 흥민은 계속해서 축구 연습을 했고, 독일로 축구 유학을 가는 기회를 맞는다. 운 좋게 합격한 그는 마음이 들떴다.

흥민의 아버지는 다음과 같이 말한다.

"흥민아, 너는 아직 이룬 게 없어. 유럽에 갔다고 만족해선 안 돼. 유럽진출 프리미어 리그라는 꿈이 있잖니. 너는 이제 옆 동네에 간 것밖에 안 돼."

흥민은 유럽 생활을 시작하나 이내 현지 생활적응에 힘들어한다. 특히 한국의 음식들이 그리웠다. 흥민은 전화를 통해 끝없이 투정을 부렸다.

"아버지, 한국 음식을 먹고 싶어요."

"성공은 선불이야. 지금 투자해야 10년 20년 후에 결과를 볼 수 있다."

흥민의 아버지는 그렇게 말하면서도 독일로 달려와 아들의 뒷바라지를 하기 시작했다. 아버지로서는 힘든 일이었지만 흥민이의 미래만 생각했다.

손흥민은 소속이 없는 무적의 시간을 겪기도 했다. 그때는 너무 괴로웠다고 회상한다.

이윽고 2010~2011 시즌을 시작하기 전 마지막 테스트를 나간다. 하지만 여기서 그는 부상을 입고 만다.

"엉엉…"

눈물이 많았던 흥민은 눈물을 참지 못하고 울었다. 선수들과 스태프들이 그를 찾아와 위로해 주었다. 그곳은 그에게 차갑지 않고 따뜻한 곳이었다.

홍민의 분데스리가 데뷔 골은 2010년 10월 30일에 터진다.

아버지는 그날 밤 홍민에게 말한다.

"홍민아, 축구 선수한테 제일 무서운 게 교만이야. 한 골 넣었다고 세상은 달라지지 않아. 지금 네가 할 일은 다음 경기 준비야."

아버지는 홍민이 자만할까 봐 하나님께 홍민이 오늘의 기억을 잊게 해 달라고 기도까지 한다.

2011 아시안 게임이 끝나고 그는 체중 관리를 못하는 등 자기 관리에서 무너진다. 아버지는 그런 손흥민에게 지옥 훈련을 시켰다. 홍민은 매일 1000개씩 슛을 때렸다.

"내 슛 능력은 타고난 게 아니다. 2011 여름 지옥 훈련이 만들어낸 결과이다."

그는 흡사 공포의 외인구단에 나온 선수마냥 훈련했다.

그 후 그는 유럽 리그에 잘 적응했다. 아버지의 훈련이 없었다면 불가능했을 일이었다.

이윽고 레버쿠젠에서 쌓은 경험 덕분에 한 시즌에만 66경기를 뛸 수 있는 선수로 성장했다.

2018~2019 시즌에만 토트넘에서 48경기 국가 대표팀에서 18경기를 출전했다.

손흥민은 골도 잘 넣으면서 훌륭한 경기를 펼쳤으나 텃세와 편견으로 인해 많은 어려움을 겪기도 했다. 하지만 그는 이를 극복하고 유럽 최고의 공격수로 자리매김한다. 그는 그 후 월드컵에 참가해 경험을 쌓고 아시안 컵에서도 준우승 컵을 들어올리는 등 맹활약한다.

그는 말한다.

"저는 축구 외에는 진짜 하는 게 아무것도 없어요."

그토록 축구에만 몰두하고 미친 듯 매진했기에 오늘날의 그가 있는 듯하다. 하나의 일에만 몰두하는 사람은 기어코 성공을 이루어 내는 것이다. 우리가 손흥민에게 배워야 할 점은 바로 그것이다.

생각해 봐요

1. 흥민의 성공 요인은 무엇인가요?

_____

2. 나도 흥민처럼 무언가에 빠져본 적이 있나요?

_____

3. 세계적인 사람이 되려면 어떻게 해야 할까요?

_____

당신의 꿈을 응원한다.

흥민을 보고 있으면 즐거워진다. 한때 축구약체였던 우리나라에서도 훌륭한 선수가 나타나 유럽에서 활약하고 있기 때문이다. 그리고 흥민은 항상 웃는 얼굴, 즐거운 모습으로 축구를 하기에 더 기분이 좋다. 전투하듯이 하지 않고 진정으로 자신의 일을 즐기는 모습이다.

그런 흥민을 보면 자신의 삶을 많이 반성하게 된다. 나는 그처럼 그렇게 열심히 무언가에 몰두해 본 적이 있는가 하는 것이다.

이 세상의 많은 사람들에게도 흥민과 같은 무언가 특별한 자신만의 재주가 숨겨 있다고 생각한다. 숨겨 있다고 한 것은 그 재능이란 게 쉽게 눈에 띄지는 않기 때문이다. 재능이 쉽게 눈에 띈 사람은 분명히 빨리 성공하겠지만 많은 사람들에게 있어 그 재능이란 것을 발견하기가 쉽지 않은 일이다. 마음을 조급하게 먹을 필요는 없다. 다양한 경험을 통해 자신을 알아가고 자신의 재능을 발견해 나가는 과정이 꼭 필요하다. 자신의 장점과 재능을 발견했을 때 우리는 알맞은 직업을 찾을 수 있고, 직업을 통해 자아실현을 하는 기쁨을 누릴 수 있다. 우리들의 직업은 우리의 일상의 절반 이상을 차지하는 일이다. 그 직업에서 행복을 찾지 못한다면 그 사람은 행복한 사람이 될 수 없다. 흥민이 행복한 것은 어릴 때부터 좋아하던 축구에서 재능을 찾고 성공했기 때문이다. 흥민은 축구를 하는 것만으로도 행복해했으나 훌륭한 선수가 되었으니 그 기쁨은 두 배일 것이다.

우리 역시 흥민처럼 자신의 재능을 찾아보자. 흥민이 진정 부러운 것은 그가 벌어들인 많은 돈이 아니라 그가 진정으로 즐기는 일을 직업으로 삼고 있기 때문이다. 우리 역시 자신의 장기를 직업과 연결시킬 수 있다면 보다 행복한 사람 그리고 사회적으로도 성공한 사람이 될 수 있을 것이다.

청소년들을 보호한다
세계적 뮤지션이 된
방탄소년단

〈방탄소년단〉

⚜

    2017년 11월 19일, 미국 팝음악을 대표하는 아메리칸 뮤직 어워드 시상식 무대에서 방탄소년단이 'DNA' 단독 공연을 펼쳤다. 케이팝 그룹이 이 무대에 선 것은 사상 최초였다.

    방탄소년단이 처음부터 세계적 인기가 있었던 것은 아니었다. 불과 3년 전인 2014년, 방탄소년단은 미국 로스앤젤레스의 작은 홀에서 불과 200~300명을 앞에 두고 공연을 펼쳤다. 그랬던 방탄소년단이 어떻게 해서 이렇게 세계적인 그룹이 될 수 있었을까. 옛날에 비틀즈가 있었다면 지금 이 시대엔 방탄소년단이 있다. 10대와 20대에게 총알처럼 날아오는 편견과 억압을 막아내고 당당하게 우리 음악과 가치를 지켜내겠다는 의미를 지닌 특이한 이름의 방탄소년단. 그들이 이처럼 성공할지 누가 알았을까. 대형 기획사도 아닌 작은 기획사에서 여러 경로를 통해 모인 멤버들의 힘이 이렇게 강할지 누가 짐작했을까. 하지만 그들의 노력과 땀을 본 사람이라면 누구라도 지금의 그들의 위치를 인정할 것이다.

이들은 처음부터 국내에서조차 인기가 없는 그룹이었다.

'너넨 아이돌이니까 안 들어도 구리겠네.
너네 가사 맘에 안 들어. 안 봐도 비디오네.
너넨 힘없으니 구린 짓 분명히 했을 텐데.'

방탄 소년단의 노래 〈둘! 셋! (그래도 좋은 날들이 더 많기를)〉이라는 곡에는 자신들의 신세를 자조하는 노래 가사가 적혀 있다.

그러나 방탄소년단의 노래 〈불타오르네〉와 〈쩔어〉는 청소년을 대변하는 노래 가사로 가득 차 있었고 10대들의 폭발적인 지지를 받게 되었다.

방탄 소년단은 20대 남성 7명으로 이루어져 있는데, 래퍼가 3명(RM, 슈가, 제이홉) 보컬이 4명(진, 지민, 뷔, 정국)이며 리더는 RM이다.

"야 방탄소년단 음악 들어봤어?"

"쩔던데. 우리 마음을 표현한 것 같아."

방탄소년단의 자기 삶을 다루는 가사들은 10대들의 공감을 샀고 팬덤이 구축되는 이유가 되었다. 방탄소년단의 멤버들의 결성은 대개 우연적으로 이루어졌다. RM은 중학교 때부터 아마추어 래퍼로 활동하고 있었는데 우연히 방시혁의 눈에 띄어 발탁되었다. 초등학교 때부터 가수를 꿈꾸던 슈가도 우연찮게 빅히트 엔터테인먼트 오디션에 참가해 합격하게 된다. 춤꾼이었던 제이홉은 빅히트 엔터테인먼트의 비공식 오디션을 통해 연습생이 되었다. 진은 연극 영화과에 다니던 학생이었지만 마찬가지로 우연하게 가수가 되는 길을 선택했다. 정국도 뜻하지 아니하게 기획사의 명함을 받고 빅히트 엔터테인먼트의 연습생이 되었고, 뷔는 친구를 따라 오디션에 갔다가 어쩌다 오디션에 참가해 가수의 꿈을 꾸게 되었다. 현대 무용을 배우던 지민은 빅히트 오디션에 합격해 연습생이 되었다. 이들 모두는 각자의 재능과 끼를 바탕으로 전국에서 모인 이들이었다.

처음부터 이들이 세계적인 그룹이 될 거라고 예상한 사람들은 없었다. 중소 기획사라는 약점을 방탄 TV, 커뮤니케이션 앱, 트위터 등 소셜 미디어의 활용이라는 돌파구로 보강했는데, 소셜 미디어의 발달은 방탄소년단의 멤버들과 팬들의 거리감을 좁혔고, 이들이 상호 작용하면서 오늘날 글로벌 성장을 이룰 수 있었다. 방탄소년단의 트위터는 팔로워 수 2000만을 기록했다.

방탄소년단이라는 그룹의 이름은 방시혁 대표로부터 나왔다.

"너희들의 그룹 이름을 방탄소년단으로 정하면 어떠니. 십대들을 방탄복처럼 지켜낸다는 의미야."

"멋진데요." "찬성." "저도 찬성!"

그룹원들은 모두 찬성했고 그들의 이름은 방탄소년단이 되었다.

하지만 데뷔하기까지의 과정은 쉽지 않았다. 그들은 매달 평가를 받아야 했고 데뷔 날짜에 대한 명확한 계획도 없었다.

"우리 데뷔는 할 수 있을까. 그냥 연습만 하다 없어지는 그룹도 많대. 벌써 몇 년째 연습만 하고 있잖아…"

불안에 빠져 두려워할 때도 있었다. 하지만 절대 포기하지 않았다.

"그래, 꿈과 희망을 가지고 연습을 계속하면 분명히 데뷔할 수 있을 거야."

이윽고 좋은 소식이 들려왔다.

"너희들의 데뷔일이 결정되었다. 내년에 데뷔하게 될 거야."

멤버들은 연습 중간 중간 음악을 만들거나 춤 연습 장면, 멤버들이 이야기 등이 담긴 동영상을 찍어 꾸준히 업로드했다. 그 때문일까. 방탄소년단의 활동은 그들이 데뷔하기도 전에 팬덤을 형성하는 데 큰 도움이 되었다.

2013년 6월 13일, 방탄소년단은 꿈의 데뷔를 하게 되었다. 이윽고 2013년 멜론 뮤직어워드에서 올해의 신인상을 수상하는 영광을 얻었다.

멤버들은 노래 활동에만 머무르지 않고 사회적 활동에도 참여했다. 다양한 기관과 방식을 통해 많은 돈을 기부했다. 그들의 기부 활동은 음악 활동과 함께 세상에 선한 영향력을 크게 끼치고 있다.

2019년 4월 12일, 방탄소년단은 여섯 번째 미니앨범을 발표했다. 타이틀곡인 〈작은 것들을 위한 시〉는 전 세계 팬들에게 큰 관심을 불러일으켰다. 그 이후로도 〈다이너마이트〉, 〈butter〉 등의 곡이 빌보드 1위에 오르는 등 세계적인 그룹으로 인정받았다.

✤✤✤✤✤
생각해 봐요

1. 방탄소년단이 세계적인 그룹이 된 이유는 뭘까요?

_____

2. 방탄소년단처럼 내게도 재능이 있다면 무엇인가요?

_____

3. 미래사회에 변하게 될 핵심 기술은 무엇일까요?

_____

당신의 꿈을 응원한다.

　케이팝이 세계를 뒤흔들었다. 그 중심에는 방탄소년단이 있다. 방탄소년단은 한국인 최초로 빌보드 차트 1위를 기록했다. 그 저력은 어디에 있을까. 그 힘은 활발한 소통을 통한 그의 팬클럽 아미와 그들의 솔직 담백한 음악활동에 있었다. 그들은 대형 기획사 그룹은 아니었으나 그들만의 독특한 차별점을 찾아 크게 성공하였다. 김구 선생님은 생전에 우리나라가 문화적으로 뛰어난 국가가 되기를 바라셨다. 세계는 한류 열풍이다. 그 중심에 선 K-POP은 방탄소년단이 이끌고 있다. 김구 선생님의 생전 소원이 실현되어 우리가 문화 국가가 된 것 같아 기쁘다. 방탄소년단은 단지 아이돌을 넘어섰다. 그들은 우리나라 젊은이들만이 듣는 노래가 아니다. 이제 세계의 수많은 사람들에게 즐거움과 기쁨을 주는 그룹이 된 것이다. 그들은 21세기의 비틀즈라고 불리고 있다. 거리를 나가도 방탄소년단의 음악을 쉽게 들을 수 있다. 그들의 성공과 부와 명예가 부럽기만 하다. 우리도 그들처럼 될 수 있을까. 그 길이 있다면 자신의 장점 발견이 우선되어야 한다고 본다. 어느 분야든 10% 안에만 들면 성공한다고 평가된다. 자신의 장점을 찾아 10% 안에 들기 위해 노력할 때 우리에게도 성공은 찾아올 것이다. 물론 방탄소년단은 그중에서도 1%인 세계 1위이다. 고 삼성 이건희 회장은 세계 1위 기업을 만들기 위해 노력했던 인물이다. 그는 사람이 마음먹고 세계 1위를 향해 노력하면 진짜로 세계 1류가 될 수 있다는 것을 보여 주었다. 그의 삼성전자는 아직도 세계 1위 그룹으로 세상 속에서 쓰임받고 있다. 우리도 우리 삶을 바꾸기로 결단하고 노력한다면 세계1위는 아니더라도 크게 성장할 것으로 믿는다. 중요한 것은 어제보다 나아지겠다는 결단이다. 방탄소년단이 데뷔도 불확실한 상황에서도 꿈을 가지고 노력했듯이, 우리도 꿈을 향해 노력한다면 그 꿈에 다가가는 날이 분명히 올 것이다.

가난한 자들의
어머니
마더 테레사

⟨마더테레사⟩

"나는 무엇을 위해 살아야 할까."

테레사는 하늘을 올려다보았다. 까만 하늘에는 별들이 반짝이고 있었다. 창조주의 존재가 그녀의 마음에 말을 건네는 것 같았다.

"그래, 하느님과 가난한 자를 위해 봉사하자."

테레사가 수녀가 되기로 결정한 순간이었다.

그녀는 어머니의 영향으로 자연스레 종교에 가까워 졌고 수녀의 삶도 엿볼 수 있는 기회가 많았다.

"어머니, 저는 수녀가 되겠어요."

"그래, 그게 네 결정이라면 그렇게 하렴."

그녀의 어머니는 그녀와 떨어져서 사는 게 가슴 아프기도 했지만 내심으로는 자랑스러워하였다. 그녀는 약자와 가난한 자를 위해서 봉사하기로 마음먹고 인도로 향했다. 그녀가 처음부터 인도의 가난한 자를 위해서 봉사한 것은 아니었다. 그녀는 수녀학교의 교장이었다. 그리고 많은 사람들을 길러내는 일을 했다. 명예도 높았고 뜻깊은 일이었다. 지원도 많이 받아 경제적으로 어려움도 없었다. 하지만 그녀의 마음속에서는 무언가 불편함과 알 수 없는 괴로움이 있었다.

"이게 진정으로 하느님을 위한 길일까. 하느님은 지극히 가난하고 병든 몸으로 우리들에게 찾아온다. 내가 해야 할 일은 그 사람들을 영접하는 일이야."

그녀는 가장 인도에서도 가장 가난한 곳으로 가서 그들을 구제하는 일에 힘쓰기로 하고 교황청의 허락을 구한다.

"주님의 부르심에 따라 인도에 가서 가난한 자를 위해 헌신하고 싶습니다. 겸손히 청하오니 허락해 주시고 축복해 주십시오."

교황 바오 12세는 테레사 수녀의 청을 허락한다는 편지를 보냈다.

"테레사 수녀님의 청원을 허락합니다. 기간은 1년 동안이며 수녀원 밖으로 나가 생활하되 수녀로서의 계율을 지켜야 합니다. 또한 1년 안에 노력에 대한 성과가 없다면 수녀원으로 돌아와야 합니다."

처음에 그녀는 자신이 봉사하는 이들처럼 가난하게 살기로 결정했기에

먹는 것, 입는 것, 자는 것 등이 불편했다. 이상과 현실의 차이에 지쳐가기도 했다. 하지만 그녀는 다시금 마음을 다잡고 가난한 자를 위한 봉사에 힘을 썼다. 이윽고 사랑의 선교회를 세운 그녀는 스스로 그 조직의 장을 맡았기에 '마더'라는 명칭이 붙어서 '마더 테레사'라고 불리기 시작했다. 그녀가 주목한 것은 죽어가는 이들이었다. 거리에서 태어나 거리에서 힘들게 살다가 죽어가는 사람들을 위해 그들을 위한 쉼터를 만들어야겠다고 마음먹는다. 그리고 그들이 편히 죽을 수 있도록 힘쓴다. 그녀는 그들의 종교 의식에 따라 장례를 치러 주었다. 그런데 그녀가 가톨릭을 전파한다고 힌두교 사람들이 비판하고 비방하기 시작했다. 그러자 경찰 서장이 조사에 나섰다. 하지만 그가 본 것은 테레사 수녀가 아프거나 상처를 입은 사람들을 위해 헌신하는 모습이었다.

경찰 서장은 젊은 사람들을 모아 놓고 다음과 같이 말했다.

"저 수녀를 쫓아낼 수 있소. 하지만 그전에 여러분의 어머니나 누이가 이 일을 하게 할 수 있겠소?"

"성전 안에는 돌로 만든 신이 있지만 지금 이곳에는 살아 있는 여신이 있는 것 같소."

그녀의 모습을 직접 본 사람은 아무도 그녀를 비판하지 못했다.

마더 테레사는 요한 23세 평화의 상, 착한 사마리아 상, 템플턴 상, 자와할랄 네루상, 알베르트 슈바이처 상 등 모든 영예가 담긴 상을 받았으며 그 영광과 공로를 성모님에게 바쳤다. 그리고 상금은 가난한 자를 위해 썼다.

1979년에 노벨 평화상을 수상하였을 때 사람들이 물었다.

"상금이 20만 달러가 되는데 어디에 쓸 것입니까?"

"아직 못 받았지만 마음속으로는 벌써 집 없는 사람들에게 집을 지어 주었습니다."

1997년 9월 5일 마더 테레사는 통증으로 자리에 눕는다. 결국 그녀는 숨을 거두었다.

"예수님 사랑합니다. 저를 당신께 바칩니다. 저의 영혼을 거두어 주소서."

그녀가 남긴 마지막 말이었다.

마더 테레사의 관을 덮은 하얀 대리석에는 모든 사람들에게 전하는 사랑의 인사가 적혀 있다.

"내가 여러분을 사랑했듯이 여러분도 서로 사랑하십시오."

⚜⚜⚜⚜⚜⚜
생각해 봐요

1. 테레사 수녀가 가난한 자를 위해 헌신한 까닭은 무엇인가요?

_____

2. 테레사 수녀에게 배울 점은 무엇인가요?

_____

3. 남을 위해 봉사해 본 적이 있나요?

_____

당신의 꿈을 응원한다.

테레사 수녀는 평화의 상징이다. 의학계에는 테레사 수녀가 봉사활동을 하고 있는 모습만 보더라도 면역력이 높아진다는 연구 결과에서 비롯된 테레사 수녀 효과라는 말까지 있다. 그만큼 테레사 수녀의 헌신적인 봉사는 많은 사람들의 가슴을 감동시켰다. 많은 사람들이 남보다 돈을 많이 벌고 더 높은 자리에 오르려고 한다. 자신의 지위를 내려놓고 약하고 가난한 자를 위해 헌신한 테레사 수녀의 삶은 많은 사람들의 귀감이 되었다. 그녀처럼 모든 것을 내려놓고 헌신하는 삶은 일반인으로서는 너무도 힘든 일일 수도 있다. 우리나라의 이태석 신부는 테레사 수녀처럼 톤즈의 가난한 사람들을 위한 의료봉사를 하였다. 그들처럼 사는 것은 성인의 길이다. 보통 사람이 성인의 길을 따르기란 쉽지 않다. 하지만 내 삶을 영위하면서도 남을 도울 수 있는 길이 있다면 조금이라도 자신의 시간과 재산을 떼어내어 헌신할 수 있다.

사실 우리가 직업생활에 헌신하는 것도 남을 돕는 일이다. 자신의 일에 충실하면 그 자체에서 나와 타인을 도울 수 있는 힘이 발생한다. 빵집 가게가 여러 사람에게 빵을 제공하는 것은 빵집 가게 사장의 타인에 대한 자비심이 아니라 돈을 벌려는 욕구 때문이다. 하지만 그 욕구 때문에 빵이 만들어지고 팔리면서 사회에 유용함을 제공한다. 이처럼 우리는 우리의 직업 생활을 잘해내는 것만으로도 타인에게 유용함을 제공하는 셈이다. 그런 의미에서 마더 테레사의 행위는 우리의 삶과 충돌하지 않는다고 본다. 각자의 가치관에 의해 최선을 다해 살고 배려하고 복지 시스템이 조금만 더 갖춰진다면 우리 사회의 가난하고 약한 자에게도 혜택이 돌아갈 것으로 믿는다.

3부

열정

왕따 소년에서
아이언맨의 실제 모델이 된
일론 머스크

〈일론머스크〉

❧

　영화 아이언맨의 실제 모델이기도 한 일론 머스크는 천재 사업가로 유명하다. 그의 목표는 전기 자동차, 태양광 발전 시스템, 수시로 우주를 왕복할 수 있는 로켓 그리고 화성에 정착하는 것이다. 그가 운영하는 회사는 스페이스X, 테슬라, 솔라시티 등이다. 그는 꿈꾸는 미래를 점점 현실로 발전시키고 있다. 그의 예상에 따르면 2018년부터 화성에 무인 탐사선을 보내고 2024년이면 유인우주선을 화성에 보낼 수 있으며 2025

년이면 인류가 화성의 땅을 밟을 것이라고 한다. 그는 어린 시절부터 독서에 빠졌다. 학교 도서관의 책을 다 본 일론 머스크는 서점에 하루 종일 머무르며 책을 보았다.

"녀석, 너는 여기서 하루 종일 책을 보는 거니? 책 안 살 거면 나가거라."

서점 주인은 그를 쫓아냈다.

"학교 도서관에 새 책을 신청해 보렴."

서점에서 쫓겨난 그는 어머니의 말에 따라 도서관에 백과사전을 주문한 이후 백과사전에 빠진다.

"세상에 이렇게 신기하고 많은 지식이 있었다니!"

일론 머스크는 두껍고 어려운 백과사전을 하루 종일 들여다보았다.

"이것 봐요, 제가 게임을 만들었어요."

열세 살이 된 일론 머스크는 스스로 비디오 게임을 만들었다. 그는 잡지사에서 다음과 같이 말했다.

"저는 SF소설작가와 프로그래머가 되고 싶습니다."

하지만 아는 것을 나서서 발표했던 그를 친구들은 미워했다. 어느 날 일론은 친구들에게 구타당해 머리와 몸을 심하게 다친다. 몇 주 동안 입원한 일론은 더욱더 책에 빠져들었다. 일론은 물리학과 수학에서는 최고 점수를 받았으나 나머지 과목에는 관심이 없었다. 이는 흡사 아인슈타인과 같았다. 어머니는 말했다.

"아인슈타인도 물리와 수학 빼고는 다 잘하지 못했단다. 기운 내렴."

이때 일론은 실리콘 밸리로 떠날 생각을 하게 된다. 열일곱 살이 된 일론은 캐나다로 건너간다. 미국 영주권을 따내기 위해서였다. 그곳에서 그는 퀸스 대학교에 다니게 된다.

"아, 대학이 좋구나. 내가 어릴 때 다니던 학교와는 달라. 토론도 할 수 있고 친구들도 있고. 내 의견을 자유롭게 말할 수 있어."

대학 분위기는 자유로웠고 일론은 펜실베이니아 주립대의 장학생으로 편입하게 된다.

일론은 사업과 공부에서 망설이다가 사업을 선택하게 된다.

"공부는 나중에도 할 수 있지만 사업은 지금이 아니면 안 돼."

그는 집투를 창업했고 많은 투자를 받아 발전시켜 큰돈을 받고 팔았다. 일론은 스물여덟 살에 백만장자가 되었다. 그의 모습은 스티브 잡스와도 같았다.

일론은 다시 새로운 회사인 엑스 닷컴을 만들었다. 하지만 그는 회사에서 쫓겨나게 되고 우주 산업에 대한 꿈을 다시금 떠올리게 된다.

"내 꿈은 화성에 사람들이 살 수 있는 거주지를 만드는 거야. 이걸 위해서 로켓 개발에 힘써야 해!"

그 이후 일론은 페이팔을 팔아 억만장자가 된다. 일론은 페이팔을 팔아 생긴 돈을 스페이스X에 쏟아부었다.

"15개월 안에 로켓을 발사하겠습니다."

일론은 다음과 같이 선언했다. 하지만 사람들은 냉소적이었다.

"로켓산업은 돈이 많이 드니까 정부가 하는 거지! 개인이 성공할 리 없어."

사람들은 이렇게 생각했다.

한편 일론은 또한 테슬라 모터스에 650만 달러를 투자해 테슬라 모터스의 이사회 의장이 되었다.

테슬라 모터스는 연구와 개발에 매진해 가장 빠르고 멋진 전기 자동차를 만드는 데 성공한다. 2021년 6월에 테슬라 모터스는 모델 S를 출시한다.

"이 모델은 최고급 순수 전기 자동차입니다."

일론은 연구 성과가 뿌듯했다.

하지만 일론이 승승장구만 하는 것은 아니었다. 스페이스X는 로켓 개발에 힘썼으나 실험은 번번이 실패하고 막대한 돈이 나가고 있었다. 그 와중에 이혼을 하는 등 어려운 일을 겪었다.

"내게 왜 이런 좌절이. 아니야, 힘내자. 나는 지금까지 어려움을 이겨 내 왔어. 지금 시련도 극복할 수 있을 거야."

그는 그런 어려운 시간을 버텼고 그의 로켓 발사는 성공한다.

"그동안 국제 우주정거장과 도킹한 국가는 유럽, 러시아, 미국, 일본뿐입니다. 그런데 민간 회사인 스페이스X가 그 일을 해냈습니다. 완벽한 성공입니다."

일론은 또 새로운 꿈을 꾼다. 그것은 진공 튜브를 이용한 이동장치인 하이퍼루프였다. 하이퍼루프는 실험 중이며 아직 미비한 발전을 보이고 있지만 성공을 향해 나아가고 있다.

사람들은 물었다. 도대체 당신에게 어떤 능력이 있는 것인가요? 일론 머스크는 대답했다.

"잘 모르겠습니다. 저는 다만 많이 일합니다. 하루 24시간 중 20시간을 일한 적도 많습니다. 그게 성공의 지름길이 아닐까요?"

1. 일론 머스크는 끊임없이 도전했습니다. 나는 무엇인가에 도전한 적이 있나요?

_____

2. 일론 머스크의 성공 비결은 무엇인가요?

_____

3. 일론 머스크처럼 상상력이 풍부하려면 어떻게 해야 할까요?

_____

당신의 꿈을 응원한다.

일론 머스크는 놀랍다. 하나는 그의 상상력 때문이고 둘은 그의 끊임없는 도전 때문이다. 그는 화성 정착에 관해 상상하며 어릴 때부터 그에 관한 꿈을 품었다. 하이퍼루프라는 이동 기구도 신기하기 짝이 없다. 그는 어린 나이에 백만장자가 되었지만 그걸로 만족하지 않았다. 평생 배부르고 행복하게 살 수도 있었지만 자신이 번 돈을 다음 사업에 전부 투자하는 도박을 감행한다. 실제로 그는 그런 과한 도전으로 인해 경제적, 개인 관계적으로도 어려움을 겪는다. 하지만 그는 모든 것을 이겨내고 다시금 최고의 자리를 향해 나아가고 있다. 그의 자동차 회사 테슬라의 주식은 몇 년 사이에 3배가량이 올랐다고 한다. 그의 생각과 그의 미래의 발전 가능성을 보고 사람들이 많이 투자했기 때문일 것이다.

일론 머스크는 독특한 인물이다. 흡사 아인슈타인을 보는 듯도 하고 스티브 잡스를 빼닮은 것 같기도 하다. 이들의 공통점은 인류를 한 단계 더 발전시킨 사람이라는 것이다. 테슬라의 생각처럼 화성 정착이 성공한다면 인류는 우주를 향해 나아가는 한 발을 걷게 되는 것이다. 그 중심에는 일론 머스크가 있다. 그 역시 어린 시절은 행복하지 못했다. 성공한 대부분의 사람들처럼 학교에 적응하지 못했기 때문이었다. 대부분의 독특한 성공인들은 학교에 적응하지 못한다. 학교가 그들을 따라가지 못하기 때문이다. 그들 중 대부분이 어릴 때 친구도 없다. 앞서 살펴본 다윈도 어릴 때 자연에만 빠져 친구가 없었다. 일론 머스크는 괴롭힘을 당할 정도로 인간관계가 안 좋았다. 우리가 학교로부터 들은 말은 사실이 아니다. 선생님 말 잘 듣고 친구와 사이좋게 지내라. 얼마나 듣기 좋고 바른 말인가. 하지만 그들은 기껏해야 공무원이나 대기업 직원이 될 뿐이다. 일론 머스크는 어릴 때 친구와의 사이도 안 좋았고 선생님 말씀을 잘 듣지도 않았다. 하지만 그는 세계와 인류를 변화시키고 있다. 그러므로 학교에서 주목받지 못하더라도 절대로 절망해서는 안 된다. 자신의 진정한 재능과 장점에 눈을 떴을 때 우리는 세계가 주목하는 인물로 성장할 수도 있는 것이다. 그 기회는 누구에게나 있다.

진리가 아니면
죽음을 달라
소크라테스

〈소크라테스〉

❖

소크라테스는 말했다.

"나를 고발한 사람의 말은 진실이 아니오. 나의 변론이 서투르더라도
이해해 주기를 바라오. 먼저 나를 고발한 사람의 말을 들어 보겠소. 그
들은 이렇게 말하오. '소크라테스는 범죄인이다. 그는 하늘 위와 땅 밑의
일을 탐구하고 비리를 강변하는 등 부질없는 행동을 하며 아울러 그 같
은 것을 남에게도 가르치고 있다.' 하지만 그들의 말은 사실이 아니오."

소크라테스는 그에 대한 이런 중상모략이 왜 일어났는가를 살펴보았다. 그것은 그가 받은 신탁과 상관이 있었다. 소크라테스는 델포이의 무녀를 찾아간 적이 있다. 델포이의 무녀는 말했다.

"소크라테스보다 지혜 있는 자는 없다."

소크라테스는 이 사실이 믿기지 않았기에 그보다 지혜 있는 사람을 찾아 가르침을 얻기로 했다. 그들은 모두 자신이 아름다움과 선에 대해 알고 있다고 생각했다. 하지만 소크라테스는 솔직하게 자신이 몰랐기에 모른다고 생각했다. 즉 모른다는 것을 모른다고 인정하는 오직 그것만으로 더 지혜롭다는 것이 밝혀진 것이다. 사람들은 자신의 무지를 자각하게 되었고 자신의 허점을 들추어낸 소크라테스를 미워하기 시작했다.

소크라테스는 말했다.

"나는 정치인과 수공인들을 찾아 나섰지만 마찬가지의 결론을 얻었소. 결국 가장 지혜 있는 자는 나라는 것을 깨달았소. 사실은 오로지 신만이 참으로 지혜 있는 자며 인간의 지혜라는 것은 너무도 보잘것없소. 아니 거의 값어치가 없소. 신은 그것을 신탁으로 말하고자 하는지도 모르겠소."

그런데 이런 소크라테스를 젊은이들이 흉내 내고 다녔다. 그들은 소크라테스를 흉내 내면서 다른 사람의 지혜가 별것 없다는 것을 밝히고 다녔다. 그러자 비난받은 사람들은 소크라테스에게 화를 내며 그가 젊은이들을 타락시켰다고 주장하기 시작했다. 그것이 그가 고발당한 이유였다. 소크라테스는 투표에서 유죄가 나오면 죽을 수도 있었다. 하지만 그는 담담이 말을 이었다.

"나는 죽음을 무서워하지는 않소. 죽음을 무서워하는 것은 지혜가 없는데 있다고 생각하는 것이며 모르는 것을 안다고 생각하는 일이기 때문이오. 죽음을 아는 자는 아무도 없소. 그렇기에 나는 판결 앞에 이렇게 당당히 서있을 수 있는 거라오."

"아테네 시민 여러분, 나는 여러분을 경애하고 있소. 하지만 여러분에게 복종하느니 차라리 신에게 복종하겠소. 내가 살아있는 한 지혜를 구하는 일을 결코 그만두지 않을 것이오. 내가 나를 변론하는 것은 여러분을 위한 것이오. 왜냐하면 나를 사형에 처해버린다면 나 같은 존재는 다시 발견하기가 쉽지 않을 것이기 때문이오."

"나는 신이 이 나라에 오게 한 사람이오. 나는 여러분이 눈을 뜨게 하기 위해 한 사람 한 사람 온종일 설득하거나 비난하는 일을 잠시도 그만두지 않을 것이오."

소크라테스의 말 때문인지 그의 행동 때문인지 그는 결국 유죄를 선고받는다.

소크라테스는 말했다.

"내가 패소한 것은 말이 부족해서가 아니라 후안과 무치가 부족했기 때문이오."

"여러분, 죽음을 면하기란 어려운 것이 아니오. 오히려 어려운 것은 천함을 면하는 것이오. 그편이 죽음보다 걸음이 빠르기 때문이오."

그는 마지막으로 말했다.

"자, 이제 끝을 내야겠소. 이제 가야 하오. 나는 죽기 위해, 여러분은 살기 위해. 하지만 어느 것이 더 좋을지 아무도 모르오. 신이 아니고서야!"

소크라테스에게 바로 사형집행이 이루어진 것은 아니었다. 그는 사형 선고를 받고 감옥에 갇혔으나 어릴 적 친구였던 크리톤이 몰래 소크라테스를 찾아온다.

"이처럼 평온히 자고 있다니 자네도 정말 놀랍군."

"오호 크리톤, 내가 죽음을 맞아 안절부절못하면 보기 흉할 게 아닌가."

크리톤은 모든 준비가 되어 있으니 국외로 망명하는 것이 어떠냐며 권유한다. 하지만 소크라테스는 이를 거절한다. 그에게는 살고 죽는 것이 문제가 아니라 잘 사는 것이 중요했던 것이다.

"나는 고통스런 육체의 옷을 벗고 영원한 아름다움인 영혼의 세계로 돌아간다는 게 즐겁다네."

소크라테스는 기쁘게 말했다.

독약을 준비한 사람은 소크라테스에게 독약을 건네주었다.

"다리가 무거워질 때까지 그저 걷기만 하면 됩니다. 다리가 무거워지면 누우세요. 그러면 약기운이 돌 것입니다."

소크라테스는 묵묵히 그 약을 마셨다. 크리톤과 아폴로도오로스는 울음을 터뜨렸다.

소크라테스는 말했다.

"창피하게 굴지 말게 크리톤. 그리고 아스클레피오스에게 닭 한 마리 빚진 것이 있다네. 기억해 두었다가 갚아주게."

그게 소크라테스의 마지막 말이었다.

I. 소크라테스를 왜 사람들이 죽이려 했나요?

_____

2. 진리와 목숨 중 어느 게 더 중요할까요?

_____

3. 나라면 감옥에서 어떤 선택을 했을까요?

_____

당신의 꿈을 응원한다.

소크라테스는 아테네 사람들의 투표에 의해 독약을 먹고 죽는다. 그에게는 오해를 풀 기회와 탈출할 기회가 있었으나 자신의 소신을 굽히지 않았고 결국 죽음을 맞이하였다. 하지만 그의 진리에 대한 신념은 하늘 높이 올라가 세상을 밝게 비추는 철학이 되었다. 그의 철학은 서양 철학의 처음이자 끝으로 불린다. 화이트헤드는 서양 철학은 모두 소크라테스 철학의 각주라고 말한 바 있다. 그만큼 그는 많은 사람들에게 영향력을 미쳤다.

남과 다른 것을 인정하지 못하는 사람들, 그리고 남과 다른 것을 죽이려고 드는 사람들의 마음은 흡사 소크라테스를 죽인 아테네 시민들의 모습 같아 보인다. 이런 타인에 대한 배척은 우리나라에서도 강한 것 같다. 조금 다른 아이들은 왕따 시키고, 직장에서도 따돌림이 발생하는 것은 타인에 대한 관용부족과 다른 것을 틀린 것으로 여기는 문화 때문이다.

우리는 이런 나쁜 문화를 고치고 소크라테스가 말하는 진리의 삶을 살아야 한다. 소크라테스의 말대로 그와 같은 사람은 다시 인류역사에 나타나지 않았다. 우리가 플라톤의 책을 통해 소크라테스에 대해 배우는 것은 그 때문이다. 혹시 당신에게도 소크라테스와 같은 진리에 대한 고집이 있는가. 여기서 진리란 대단하고 큰 것을 말하는 것이 아니다. 자신의 직업 분야에서 자신만의 노하우나 믿음 같은 것이 있는가를 묻는 것이다. 자신의 영역에서 자신만의 진리나 해결책 같은 것을 발견한다면 당신 역시 당신 분야에서 소크라테스와 같은 업적을 남길 것이다.

세상을 살아가기란 쉽지 않다. 내가 옳은 말을 함에도 불구하고 사람들에게 욕을 먹거나 방해를 받아 실패할 수도 있다. 하지만 죽음 이후에 더 추앙받았던 소크라테스를 생각하면서 자신만의 진리를 찾아 세상을 향해 펼치는 여러분이 되기를 바란다.

비행기의 아버지
라이트 형제

〈라이트형제〉

어느 언덕에 비행 물체가 추락하였다.

"아, 또 실패구나! 아이구 허리야, 이번엔 크게 다쳤네!"

라이트 형제 중 한 명인 오빌은 글라이더에서 내리며 말했다.

"저기 저 미친 사람을 보라구. 미쳐 가지고 결혼도 안 하고 비행기 만 드는 데만 힘쓴다고 하더군. 사람이 난다는 게 말이 되나. 자전거나 제 대로 만들 것이지."

라이트 형제는 자전가 수리점으로 생계를 유지하고 있었다. 그들은 어린 시절부터 기계를 조립하는 데 재능을 보여 자전거 수리공으로는 성공한 사람들이었다. 하지만 비행기를 만드는 게 꿈이었기에 늘 비행기 만들 생각에 들떠 있었다.

그들은 뛰어난 기술을 가졌기에 자전거 수리점은 잘 운영되었으나 비행기를 만드는 것은 자전거를 만드는 것과는 차원이 다른 문제였다. 그때 그들은 글라이더를 탄 오토 릴리엔탈의 소식을 듣는다.

"글라이더를 타던 오토 릴리엔탈이 사고로 죽었다더군."

윌버가 말했다.

"슬픈 일이지."

오빌이 무거운 목소리로 말했다.

"하지만 우리가 글라이드를 더 개량하면 어떨까."

"그래, 좋은 생각이야."

그들은 그들의 영웅이었던 오토 릴리엔탈의 글라이더를 더 개량하기로 마음먹는다.

"저 새들처럼 자유롭게 방향을 전환할 수 있다면 좋을 텐데! 그래, 새들처럼 날개를 이중으로 만들어서 균형을 조절할 수 있게 하는 거야!"

라이트 형제는 하루 종일 새를 관찰하고 스케치하고 모형을 제작하는 일에 힘썼다.

그들의 글라이더는 나는 데 성공했고 그들은 연구에 박차를 가해 세계 최초의 동력 비행기 플라이어 호를 발명해 낸다.

"앗, 드디어 성공이다!"

오빌이 말했다. 윌버가 탄 플라이어는 공중으로 떠올랐다가 미끄러지듯 모래밭에 착륙했다. 비행시간은 12초. 비행 거리는 36.5미터였다. 정오 무렵에는 59초 동안 약 256미터를 날았다. 인류가 하늘을 날게 된 것이다. 그 후 형제는 플라이어를 개조했다. 라이트 형제는 한 번에 39분이나 날 수 있을 만큼 플라이어를 개선시켰다. 당시 유럽은 비행기에 관심이 많았다. 특히 프랑스는 비행기 열풍의 진원지이기도 했다. 하지만 유럽 어디에도 동력 비행기가 운행한 적은 없었다.

"저게 날 수 있다고?"

라이트 형제의 비행기를 본 프랑스 사람들이 수군거렸다.

예상을 깨고 라이트 형제의 플라이어 호는 선회 비행에 성공했다. 윌버는 프랑스에서 100번이 넘는 시범비행을 했다. 그러자 윌버는 순식간에 국제적인 스타가 되었다.

라이트 형제는 미군과 정식 계약을 하게 되었고 고국으로 돌아간 그들은 대통령과 많은 시민들 앞에서 하늘을 나는 멋진 모습을 보여 주었다.

"비행기를 조종할 수 있는 사람들이 필요해."

라이트 형제는 비행사를 키우는 비행학교를 고향과 앨라배마 주에 세웠고 배출된 학생들은 미국 전역으로 퍼져 비행기 조종사가 되었다.

라이트 형제는 연구를 계속해 물 위에도 착륙하는 해군용 비행기도 개발하였다.

하지만 형제의 행복은 오래가지 않았다. 윌버가 그만 장티푸스에 걸리고 만 것이다.

형을 잃은 오빌은 기운을 잃고 고향으로 돌아왔다.

"오빌, 이제 편히 쉬는 게 어때?"

오빌은 고향에서 조용히 비행기 부품을 만들며 하루하루를 보냈다. 그런 그를 보고 아이들은 비행기 할아버지라고 불렀다. 오빌 역시 1948년 심장병으로 세상을 떠났다. 형과 부모님 곁으로 돌아간 것이다.

✤✤✤✤✤✤
생각해 봐요

1. 불가능하다고 생각되는 게 있나요?

_____

2. 라이트 형제처럼 도전한 적이 있나요?

_____

3. 라이트 형제의 성공비결은 무엇인가요?

_____

당신의 꿈을 응원한다.

라이트 형제는 비행기의 대명사이다. 라이트 형제 전에는 사람이 하늘을 날 수 없다고 생각했다. 그것은 꿈같은 일이라고 여겼다. 하지만 라이트 형제의 도전과 열정 때문에 우리는 지금 하늘을 날 수 있다. 우리에게는 아직도 불가능이라고 생각하는 것이 많이 있다. 하지만 이것들은 미래에 다 현실이 될 것으로 생각된다. 왜냐하면 라이트 형제와 같은 사람들이 계속 나와 세상을 발전시킬 것이기 때문이다. 그리고 그 사람들은 바로 당신이 되어야 한다.

누군가의 노력으로 세상이 발전되기를 기대하지 말고 스스로의 힘으로 세상을 바꾸겠다고 다짐해 보는 것은 어떨까. 앞서 말한 스티브 잡스의 이야기에서 알 수 있듯이 다르게 생각한다면 우리도 세상을 바꾸는 인물이 될 수 있을 것이다. 라이트 형제가 성공한 것은 남들과 다르게 생각했기 때문이었다. 그들은 미친 사람 취급을 받기도 했다. 많은 위인들이나 성공한 사람의 공통점은 타인의 이해를 받지 못했다는 점이었다. 사람들은 그들을 보고 미쳤다고 하고 배척했다. 하지만 어느 것에 몰두한 사람은 남들의 시선을 개의치 않는다. 아니 남들을 신경 쓸 시간이나 여지도 없다. 모든 에너지를 자신의 꿈을 실현하는 데 쓰기 때문이다. 고시를 공부하는 사람들은 하루에 14~15시간을 공부하기도 한다. 물론 고시만이 미래를 위한 선택은 아니겠지만 그 길을 선택한 사람들은 그만한 비장한 각오를 하고 공부를 시작한다는 것이다. 라이트 형제도 마찬가지이다. 자신의 모든 시간을 비행기 개발에 쏟았기에 인류 최초의 동력 비행에 성공할 수 있었던 것이다.

라이트 형제에게는 멘토가 있었다. 직접 지도받은 것은 아니었지만 릴리엔탈이라는 글라이더 연구가는 그들의 우상이었다. 릴리엔탈은 라이트 형제 전에 하늘을 날기 위해 연구한 사람이다. 그의 도전은 실패하고 그 역시 글라이더 사고로 죽고 말았지만 라이트 형제에게 하늘을 날고자 하는 열정과 용기를 심어 주었다.

세상은 꿈꾸는 자들의 것이다. 우리 역시 평범한 일상에서 벗어나 미래의 새로운 기술을 위해 연구해 보는 것은 어떨까. 그것이 무리라면 서점에 들려 미래의 신기술에 관한 책이라도 한 권 사보자. 그리고 미래 사회의 변화에 끌려가지 말고 주도하는 사람이 되어 새 시대의 영웅이 되기를 바란다.

휴대폰 판매원에서
세계적 성악가로
폴 포츠

〈폴포츠〉

"이것은 1년 계약이면 월 3만 5000에 드리구요. 저것은 1년 약정에 4만 3000원입니다."

"좋은 폰으로 싸게 드리니 둘러보세요."

폴 포츠는 휴대폰 판매원이었다. 우리나라에서는 폰팔이로 비하하는 바로 그 직업을 하고 있었다. 그가 처음부터 휴대폰 판매원을 하지는 않았다. 오히려 그보다도 못한 밑바닥 직업을 전전했다. 하지만 그에게는 꿈이 있었다. 그것은 바로 세계적인 성악가가 되는 것이었다. 부러진 치아, 배 나온 뚱뚱한 몸, 볼품없는 외모의 그였지만 노래 부를 때만큼은 자신 있었다.

하지면 현실은 가혹한 것이었다. 그는 불행히도 교통사고를 당해 병원에 몇 달간 입원해 있어야만 했다. 더욱 절망스러운 것은 쇄골 뼈가 다쳐 다시금 노래를 하지 못할지도 모른다는 사실이었다.

"다시는 노래를 하지 못할 수도 있습니다."

의사가 말했다.

"다시 노래를 할 수 없다면, 노래는 나의 꿈이자 나의 모든 것인데, 나는 어떻게 되는 걸까. 운명의 신이여, 나를 도우소서!"

폴 포츠는 홀로 기도했다. 다행히도 그는 노래를 할 수 있었고 다시 삶을 시작했다. 운명이 절망스럽게 다가오는 날들도 있었지만 그는 노력으로 극복할 수 있다고 생각했다. 누구보다도 자신을 믿었던 것이다. 한결같은 꾸준함으로 실력을 쌓았고 그 실력을 차츰 인정받기 시작했다.

그렇다면 그의 어린 시절은 어떠했을까. 그는 어린 시절 왕따를 당했다고 한다. 내성적이고 소심한 성격, 어눌한 말투와 허름한 옷까지 친구들과 어울릴 만한 것은 하나도 없었다. 하지만 그에게도 장점이 있었는데 그게 바로 노래였다. 그는 어릴 적부터 성가대와 합창 단원으로 활동하면서 자신감을 찾기 시작했다.

"그래, 내가 잘하는 건 노래야."

그 후 그는 홀로 오페라 가수의 노래를 들으며 가수가 되는 꿈을 꾸었다. 그는 TV의 한 프로에 나가 상금을 받고 나서 여기저기 가수가 될 수 있는 기회를 문의하나 번번이 거절당한 아픈 기억을 가지고 있었다.

"혹시 가수를 찾지 않으십니까. 제 노래 들어 보지 않으실래요?"

"우리는 가수 안 뽑으니 나가세요."

"당신은 볼 필요도 없어요."

하지만 사람들은 그를 무시하기 일쑤였다. 사람들의 냉대에 폴 포츠는 괴로웠다.

"왜 내게는 오디션 볼 기회조차 주지 않는 거지."

하지만 그는 포기하지 않고 이탈리아 오페라 스쿨에 등록하고 파바로티로부터 재능을 인정받는다. 하지만 그의 운명은 그를 편하게 내버려 두지 않았다.

2003년 맹장으로 입원했다가 악성 종양이 발생해 오랜 시간 병원 신세를 지게 된 것이다. 게다가 그는 일을 못해 빚을 지는 등 경제적인 어려움까지 겹쳐 벼랑 끝에 몰린다.

그는 2007년 브리튼즈 갓 탤런트에 온라인으로 응모했다.

"가서 망신만 당하면 어떡하지. 나는 못생겼는데 이 얼굴로 TV에 나온다면…."

그는 자신이 없어서 망설이기는 했지만 결국 신청을 하기로 마음을 먹었다.

마침내 심사 위원 앞에 섰다. 볼품없는 외모에 자신감 없는 태도의 그를 보고 심사 위원들은 고개를 돌렸다.

"자, 진짜 내 노래를 들려주자!"

폴 포츠는 입을 열었다.

그가 노래를 시작하자 시큰둥하던 심사위원은 놀라움에 차 그를 주목했다. 그의 노래가 최고라면서 칭찬을 아끼지 않았다. 그는 〈공주는 잠 못 이루고〉라는 곡을 불렀고 이 곡으로 우승을 차지했다.

브리튼즈 갓 탤런트에서 그가 우승한 장면은 7천만 건이 넘는 유튜브 조회수를 기록했다. 그의 데뷔 엘범 〈One Chance〉는 15개국 앨범차트에서 정상을 차지하며 세계적으로 400만 장이 넘게 팔렸다. 그는 벼락스타가 되었다. 그의 비상은 하루아침에 이루어진 것이 아니었다. 누구보다도 어둡고 낮은 지하에서 연습하는 시간이 있었기에 그렇게 화려하고 높게 비상할 수 있었던 것이다.

망설임을 이기고 선택한 방송 오디션에 원서를 넣는 일로 그는 자신의 인생을 역전시키고 새로운 운명의 삶을 살고 있다.

⚜⚜⚜⚜⚜
생각해 봐요

1. 운명을 극복해 본 적이 있나요?

_____

2. 폴 포츠는 어떤 점에서 위대한가요?

_____

3. 폴 포츠와 같이 나만의 장점이 있나요?

_____

당신의 꿈을 응원한다.

사람에게 운명이 있다고 믿는가. 폴 포츠가 그 운명을 믿었다면 그냥 휴대폰 판매원으로 생을 마감했을지도 모른다. 하지만 폴 포츠처럼 운명을 바꿀 수 있다고 믿는 사람들은 결국 운명을 바꾸어 즐겁고 행복한 새 삶을 시작한다. 그리고 그 운명을 바꿀 수 있는 핵심 연료는 바로, 꿈이다. 폴 포츠는 어릴 때부터 가수를 꿈꾸었다. 그리고 그 꿈이 너무도 강했기에 현실적인 어려움과 괴로움 속에서도 꿈을 포기할 수 없었던 것이다.

나를 사로잡는 꿈. 나를 활활 태워버리는 꿈. 미친 듯한 열정을 바치고 싶은 꿈에 미쳐라. 그리고 그 꿈을 이루어라. 꿈을 이루는 삶보다 더 좋은 삶은 없을 것이다. 손흥민에게는 축구, 김연아에겐 피겨, 박태환에게 수영이 있듯이 당신 역시 당신만의 꿈이 있을 것이다. 그 꿈이 너무 크더라도 상관없다. 자신의 꿈을 향해 달려가는 자는 언젠가는 자신의 꿈과 만나게 될 것이기 때문이다. 오바마가 초등학교 시절 대통령이 된다고 말했을 때 아이들은 놀렸다. 흑인에 왕따였던 오바마가 대통령이 될 거라고 누가 예상할 수 있었을까.

사람이 꿈을 가지면 달라진다. 사람은 어떤 것을 하기로 마음먹으면 그 기운이 몸 밖으로 퍼져 나간다고 한다. 그래서 사람이 달리 보이는 것이다. 우리가 어떤 것을 꿈꾸면 그 꿈의 기운이 몸에서 나타난다. 그리고 결국 꿈을 이루게 되는 것이다.

하지만 꿈을 이루는 것은 어려운 것은 아니다. 자신의 장기만 가지고 계속 파다 보면 언젠가는 바닥에 구멍이 뚫리고 물이 펑펑 쏟아지게 된다. 그때부터는 쏟아지는 물을 계속 받기만 하면 되는 것이다.

운명에 끌려가는 사람이 아니라 운명을 주도하는 사람이 되자. 자신의 운명에 지지 말고 운명을 개척하는 사람이 되자. 바로 폴 포츠처럼 말이다.

둔재에서
인류 최고의 천재로
아인슈타인

〈아인슈타인〉

"빛을 타고 여행을 하면 어떨까? 세상이 어떻게 보일까. 아니 빛보다 더 빠른 게 있을까. 그러면 그걸 타볼까?"

엉뚱한 상상을 하는 아이가 있었다. 어렸을 때부터 언어 발달이 늦어 부모님의 걱정을 끼쳤던 그 아이의 이름은 바로 아인슈타인이다. 천재의 대명사로 손꼽히는 아인슈타인이지만 어릴 때 학교에서는 문제아로 손꼽혔다. 자신이 좋아하는 수학과 물리만 하는 데다가 엉뚱한 질문을 해

대기 일쑤였기 때문이었다.

그는 어린 시절 아버지에게 선물을 받았다. 나침반이었다. 그는 한동안 나침반에 깊이 빠졌다.

나침반은 그의 인생 항로를 결정하였다.

"그 경험은 내게 오랫동안 잊지 못할 깊은 인상을 남겼다. 거기에는 근원적인 무언가가 숨겨져 있었다."

아인슈타인은 나침반을 가지고 놀던 시절을 다음과 같이 회상했다.

아인슈타인의 인생에 큰 영향을 끼친 인물은 또 한 명 있었다. 바로 막스 탈무드라는 의대생이었다. 그는 아인슈타인의 집에서 저녁을 먹으며 과학책을 가져다주면서 현대 과학에 대해 논쟁했다. 아인슈타인은 그가 건네준 유클리드 기하학 책에 큰 흥미를 보였다. 아인슈타인은 그가 가져온 철학책들을 읽어나가기 시작했는데, 특히 칸트의 『순수 이성 비판』을 좋아했다고 한다.

이 시기에 그가 매력을 느낀 것은 음악이었다. 그는 다섯 살 때 바이올린을 접해 연주하기 시작했다. 그는 평생 훌륭한 아마추어 바이올린 연주자였으며 음악을 사랑했다.

그는 고등학교를 중퇴한 뒤 미래를 놓고 아버지와 고민했다. 아인슈타인은 취리히 연방 종합 공과대학에 진학하기로 했다. 그 대학은 졸업장 없이 입학시험만으로 입학이 가능했던 것이다. 하지만 시험에 떨어졌다. 수학, 물리성적은 우수했으나 나머지 과목이 낙제였기 때문이다. 아인슈타인의 수학, 물리 성적을 놀랍게 여긴 학장은 아라우 주립학교에서 고교 과정을 마치고 오면 받아들여 주겠다고 했다. 아라우 주립 학교는 자유로운 분위기의 학교였기 때문에 문제아였던 아인슈타인도 즐겁게 학습할 수 있었다.

아인슈타인은 1년간 아라우 주립학교에서 공부를 마친 후 취리히 공과 대학에 입학했다. 취리히 공과 대학에서 아인슈타인은 수학과 물리학 교사가 되기 위해 공부한다. 하지만 그는 교수의 말을 잘 듣지 않았고 교수가 낡은 이론만을 가르친다면서 스스로 연구를 하고 실험을 하였다. 이런 아인슈타인의 행동은 교수들의 눈 밖에 나게 되고 미움을 샀다. 결국 그는 좋은 성적을 받지 못했을 뿐 아니라 조교 자리를 얻는 등의 이득도 취하지 못했다.

하지만 이때쯤 아인슈타인은 대학교에서 밀레바 마리치를 만나 사랑에 빠졌다. 밀레바 마리치는 아인슈타인보다 4살 연상이었으나 그들은 잘 어울렸다. 아인슈타인은 다음과 같은 편지를 보내기도 했다.

"잠시라도 그대를 생각하지 않는다면 이 한심한 인간들 틈에서 도저히 살수 없을 것이오."

졸업 후 아인슈타인은 가정교사를 전전하면서 지냈다.

"내가 원하는 것은 이게 아닌데." "난 앞으로 어떻게 되는 걸까?"

하지만 다행히도 마르켈 그로스만이 스위스 특허국 사무직 자리를 주선해 주었다.

특허국에 근무하면서 아인슈타인은 퇴근 후 마음껏 물리학 공부를 할 수 있었다. 아인슈타인은 자신이 다녔던 특허국이 최고의 수도원이었다고 평한다.

아버지가 돌아가신 석 달 후 그는 밀레바와 결혼하였다. 그리고 1년 후

두 사람 사이에 아들이 태어났다.

1905년은 과학사에게는 기적의 해였다. 이 해에 아인슈타인은 세계를 흔든 세 편의 논문을 발표했다. 뉴턴 역학을 부정하는 이론을 발표한 것이다.

첫 번째 논문은 〈정지 액체 속에 떠있는 소립자의 운동에 대해서〉라는 논문이었고 두 번째 논문은 〈빛의 발생과 변화에 관련된 발견에 도움이 되는 견해에 대해서〉라는 논문이었다. 세 번째 논문은 〈움직이는 물체의 전기 역학에 대하여〉라는 논문으로 상대성 이론이 담긴 논문이었다.

아인슈타인은 고작 26살의 나이로 세계관을 바꾸어 놓은 것이다. 그는 1908년 대학의 강사로 일하며 몇 년 뒤 교수자리에 오르게 된다.

특수 상대성 이론이 담긴 논문을 발표한 지 10년 후, 1916년 그는 일반 상대성 이론을 발표했다.

"일반 상대성 이론에 비하면 특수 상대성 이론은 어린애 장난 같은 거야."

아인슈타인은 그같이 말했다. 일반 상대성 이론의 가장 중요한 개념은 중력에 의해 시공간이 휘어진다는 것이었다.

부와 명예를 얻은 그는 조국과 유대인을 위해서 여러 운동을 하기도 했고 평화를 위한 노력도 아끼지 않았다. 그리고 그가 발견한 이론에 의해 탄생한 원자 폭탄에 대해 후회하며 자신을 자책하기도 했다.

말년에 그는 통일장 연구에 매달렸다. 1955년 아인슈타인은 동맥류로 인해 세상을 떠났다. 죽기 전날까지도 그는 통일장 관련 이론에 대해 계산을 하고 있었다고 한다. 그의 연구는 후대의 물리학자들의 연구를 통해 체계화되고 지금도 연구 중이라고 한다. 그는 생전에 말했다.

"나는 다른 사람보다 더 뛰어나지 않다. 그저 보통사람보다 호기심이 많을 뿐이다. 나는 적절한 답을 찾기 위해 포기하지 않는다."

그것이 바로 아인슈타인이 자연의 신비를 밝혀내고 세계관을 바꿀 수 있게 한 원동력이었다.

아인슈타인은 세상을 떠났지만 그의 이론은 시간이 갈수록 빛을 발하고 있다. 그가 남긴 이론으로 디지털 카메라부터 인공위성까지 발명되는 등 과학이 발달할 수 있었다. 우리는 아인슈타인의 천재성에 빚을 지고 있는 셈이다.

⚜⚜⚜⚜⚜ 생각해 봐요

1. 천재는 타고나는 것일까요, 만들어지는 걸까요?

2. 아인슈타인을 만난다면 무엇을 물어보고 싶나요?

3. 내 안의 천재성을 깨우려면 어떻게 해야 할까요?

당신의 꿈을 응원한다.

아인슈타인은 단언컨대 천재이다. 하지만 그의 천재성은 다른 사람의 도움이 없다면 불가능했다. 학교를 퇴학당했을 때는 가족이 따뜻하게 품어 주었고 막스 탈무드라는 대학생이 그의 잠재력을 틔워주기도 했다. 대학에 입학하려 했을 때는 대학 학장의 너그러움이 그를 도와주었고 대학졸업 후 경제적으로 어려웠을 때는 친구의 도움으로 특허청에 취업하여 물리학 연구를 할 수 있었다. 아인슈타인은 자신의 성공이 여러 사람의 도움으로 이루어진 것을 알았기에 항상 겸손했고 감사한 마음을 가지고 살았다. 아인슈타인은 다음과 같이 말했다고 한다.

"삶의 방식에는 세상 모든 것이 기적이라고 여기며 사는 것과 기적이 없다고 사는 방식 두 가지가 있다. 나는 전자이다."

천재인 아인슈타인에게는 세상 모든 것이 감사이자 기적으로 보였다. 그는 과학자로서의 자신의 성과는 선대의 과학자로부터 얻은 것이 많다고 감사해했다. 이것은 뉴턴이 말한 바와 같다. 뉴턴은 자신이 거인의 어깨 위에 있기에 더 많은 것을 보았다며 겸손한 모습을 보였다. 뉴턴 역학은 정확하고 아직도 많은 곳에서 쓰인다. 하지만 그 뉴턴 역학의 세계관을 뒤집고 새로운 과학 혁명을 일으킨 아인슈타인의 생각과 연구 또한 놀랍다. 그는 자신의 성공이 남보다 호기심 많고 끈기 있게 생각한 결과라고 말한다. 신격호 회장은 매일 자신의 집무실에서 생각을 한다고 한다. 성공한 기업가나 과학자나 매한가지로 생각이 중요하다는 것을 보여준다. 우리가 경험하는 모든 사물들은 모두 우리의 두뇌의 생각을 통해 구현된 것들이다. 그만큼 인간에게 있어 사고와 상상력은 중요한 것이다. 우리가 만일 날아다니는 상상을 하지 않았다면 지금의 비행기가 있었을까. 우리는 상상할 수 있고 그 상상을 현실로 만들어 낼 수 있는 존재이다. 아인슈타인의 상상력을 배워 우리도 자신의 영역에서 새로운 것들을 고안해 내보자. 작은 생각의 변화가 큰 발전을 일으킬 수도 있다. 그 점이 바로 아인슈타인에게 배울 점이다.

삼일절의 지도자
유관순

〈유관순〉

✦

"지금은 여자라고 집안일만 하는 시대가 아니다. 하나라도 더 배워 나라를 위한 일꾼이 되어야 하느니라."

유관순은 아버지의 가르침을 받으며 자랐다. 유관순의 아버지는 깨어 있는 사람이라서 유관순을 여자라고 차별하지 않고 교육시켜 훌륭한 일꾼으로 만들고자 했다.

아버지 유중권은 전 재산을 털어 흥호 학교를 세웠다. 하지만 학교 운영은 돈이 많이 들었고 부족한 돈을 고리대금업자 일본인 고마다에게 빌렸다.

고마다는 이자를 붙여서 돈을 갚으라며 유중권을 괴롭히고 고문하기도 했다. 유관순은 그런 아버지를 안타깝게 여겼다.

"아버지, 그놈들을 혼내줘요."

"우리가 할 수 있는 건 없어. 우리처럼 약한 자들은 그들을 이길 수 없단다."

유중권은 억울해하며 눈물을 흘렸다.

관순이 열두 살 되던 해 미국인 선교사 샤프부인이 관순을 찾아왔다.

"관순아, 경성에 가서 공부할 생각은 없니?"

"네! 물론 가고 싶어요."

유관순은 기뻐하며 말했다. 다행히 장학생이 되어 입학금은 내지 않고 다닐 수 있었다. 관순은 그 학교에서 열심히 공부했다.

관순은 인정 많고 일과 공부를 잘했으며 신앙심도 깊었다. 2년 후 관순은 졸업했다.

1919년 관순이 열일곱 살이던 해, 고종황제가 세상을 떠났다. 일본인이 암살했다는 소문까지 나돌았다. 고종황제의 죽음 이후 백성들은 자신의 나라를 되찾아야겠다는 의지를 가지게 되었다. 미국의 윌슨 대통령의 자결주의는 조선인들에게 희망을 주었다. 자결주의란 모든 민족의 운명은 민족 스스로 결정할 수 있다는 것이다.

손병희, 이승훈, 한용운을 비롯한 민족 대표 33인이 독립 만세 운동을 준비해 나갔다. 최남선이 독립 선언서를 작성하고 이것을 몰래 인쇄

했다.

"3월 1일 정오 탑골 공원에서 독립 선언서를 낭독한 후 독립 만세를 부릅시다."

소문이 퍼지면서 관순도 이 사실을 알게 되었다.

"우리도 우리나라를 위해 무언가 해야 되지 않겠어?"

관순의 말에 친구들은 찬성했다.

"먼저 태극기부터 만들자."

그들은 태극기를 만들어 몸에 지녔다. 마침내 3월 1일, 봇물처럼 터지는 만세 소리가 들렸다.

"대한 독립 만세!"

"대한 독립 만세!"

거리는 태극기를 든 사람들로 거대한 물결을 이루고 있었다.

그것을 본 학생들이 거리로 뛰쳐나가기 시작했다. 프라이 교장은 말렸지만 소용이 없었다.

관순과 이화학당 여학생들도 태극기를 흔들며 거리로 나아갔다.

"대한 독립 만세!"

"대한 독립 만세!"

탕탕!

일본인들은 총을 쏘아가며 사람들을 공격했다.

많은 사람들이 일본 헌병에 끌려갔다.

관순은 눈물을 흘리며 간절히 기도했다.

"주님, 독립을 허락해 주시고 잔 다르크와 같이 나라를 구할 힘을 주소서."

3월 10일 총독부에서는 전국 학교에 휴교령을 내렸다. 관순은 시골로 내려갔다. 관순은 마을 어른들께 말했다.

"경성에서는 양력 3월 1일에 만세를 불렀으니 이곳에서는 음력 3월 1일인 4월 1일에 아우내 장터에서 만세를 부릅시다."

마을 어른들은 찬성했다.

마침내 4월 1일이 되었다. 마을의 어른 조인원이 독립 선언서를 낭독했다. 이어서 유관순이 말했다.

"우리는 독립 백성입니다. 왜놈에게 나라를 빼앗겼으니 억울한 일입니다. 우리도 독립 만세를 외칩시다."

그리고 관순은 외쳤다.

"대한독립 만세!"

사람들이 따라 외치기 시작했다.

"대한 독립 만세!"

"대한 독립 만세!"

일본인들은 총칼로 저지했다. 관순은 헌병대에 끌려갔다. 일본인 고야마는 주모자가 누군지 물었다. 관순은 말했다.

"주모자는 나다. 나를 죽이든 살리든 마음대로 하고 사람들을 풀어 줘라."

유관순은 감옥에서 고문과 구타를 당해 결국 소원했던 독립을 보지 못하고 조용히 숨을 거두었다.

장례식은 정동 교회에서 치러졌다. 그녀의 나이 열여덟 살이었다.

생각해 봐요

1. 유관순이 독립만세를 외친 이유는 무엇인가요?

_____

2. 유관순이 어린 나이에도 큰 생각을 할 수 있었던 까닭은 무엇인가요?

_____

3. 내가 유관순이라면 어떻게 행동했을까요?

_____

당신의 꿈을 응원한다.

우리나라는 일본에게 나라를 빼앗긴 가슴 아프고 원통했던 역사가 있다. 임진왜란에 이어 일제 강점기까지 겪어야만 했다. 그래서 우리는 일본에 좋은 감정을 가지고 있지 않다. 섬나라인 일본은 자신들 나라의 갈등을 해소하기 위해 자꾸만 반도인 우리나라를 침략해 왔다. 그들은 우리 민족을 억압했으며 물자를 수탈해 갔고 정신을 죽이는 교육을 행했다. 그럼에도 불구하고 유관순과 같은 인물들이 있어서 우리나라의 독립을 향한 열정은 꺼지지 않을 수 있었다. 결과적으로 일본의 히로시마와 나가사키에 원자 폭탄이 떨어져 일본은 패망하였고 우리나라는 독립이 되었지만, 우리 민족의 노력이 빛이 바래는 것은 아니다.

자신의 이기심과 욕망에 따라 살기 쉬운 현대인에게 유관순의 행동을 따라 하기란 쉽지 않은 일일 것이다. 유관순은 자신의 삶을 내려놓고 나라를 위한 일을 하기 위해 힘썼다. 우리가 다시 일본이나 다른 나라에게 나라를 빼앗긴다면 지금의 청소년들은 국가를 위해 유관순처럼 만세를 부를 수 있을까. 쉽지 않은 일일 것이다. 사회과 복잡해져 가면서 아이들의 독립이 늦어지고 있다고 한다. 다 컸는데도 정신 연령이 낮은 것이 지금의 사회이다. 20대, 30대가 되어서도 부모로부터 독립하지 못하는 사람들이 많다. 그들에 비하면 유관순은 고작 18살의 나이였지만 누구보다도 성숙하고 스스로 판단해서 행동할 줄 알았다. 유관순에게 배워야 할 점은 바로 그런 점이 아닐까.

삼류대학생에서
일류 토익 강사로
유수연

〈유수연〉

⚜

"삼류대 출신, 영어도 못하고 외모도 볼품없었던 잉여 인간. 그게 바로 나였다. 나는 평범한 내 자신이 싫었다. 그래서 외국 유학을 택했다. 하지만 그 과정은 결코 쉽지 않았다. 나는 이제 내 이야기를 풀고자 한다. 주목하고 듣기 바란다."

유수연은 도시에서 발에 흔히 채이는 평범한 보통 학생이었다. 하지만 그녀는 평범한 자신이 견딜 수 없이 싫었다고 한다. 그래서 새로운 인생을 살기로 한다.

그녀는 그렇게 무작정 비행기를 타고 호주로 유학을 떠났다. 3개월 만에 어학과정을 통과하고 호주 대학에 입학해 통역관에 취업한다. 하지만 이에 만족하지 못하고 다시 영국행 비행기를 타서 귀국해 지금은 연봉 10억을 버는 스타 강사가 되었다.

그녀는 그녀의 지위에 오르기까지 길고 긴 시간 동안 엄청난 노력을 하며 보내야 했다고 말한다.

그녀의 영어 실력은 일자무식이었다. 말 그대로 맨땅에 헤딩하듯이 영어를 팠다.

"한 영화만 매일 7~8시간을 팠다. 영화 대사가 제대로 들리기까지는 보통 2주가 걸렸다. 매일 4~5시간밖에 못 자면서 영어에 매달린 지 한 달 반 정도가 지나자 드디어 귀가 트였다."

그녀는 노력의 소중함에 대해 말한다.

"모든 노력은 항상 결과를 동반한다. 쓸데없는 노력은 없다고 믿는다. 지금은 보이지 않아도 내가 끊임없이 노력하는 하루들이 모여 내 무대를 만들어 준다. 내 무대는 지루하리만큼 반복되는 하루들과 스스로가 인정할 만한 노력들이 모여서 만들어졌다."

그녀는 스물세 살에 호주로 유학을 떠났을 때부터 스타 강사로 사는 지금까지 하루 5시간 이상을 자본 적이 없다고 한다. 그녀는 호주에서 대학 다닐 때 수업에 5시간, 공부에는 10시간 이상을 매진한다. 그렇게 3달을 버티니 영어 실력이 하루가 다르게 늘었다고 한다.

"정말 힘들면 구급차에 실려 가겠지. 난 더 안 자고 공부에 매달렸다."

유수연은 또한 확실한 미래는 나에게서 온다고 말한다.

"1년이든 2년이든 자신이 좋아하는 것, 잘하는 것을 지독하게 해보라."

영어 공부를 하는 학생이라면 영어 실력 향상에 대한 고민이 많을 것이다. 이에 유수연은 다음과 같이 말한다.

"사실 영어는 요령만으로 잘할 수 없다. 진득하게 일정기간 견디면서 파고들어야 잘할 수 있다."

알파벳도 잘 몰랐던 그녀가 말한 비법이라면 믿을 만하지 않을까.

그렇다면 일반 대학생이 성공할 수 있는 비결은 무엇일까. 이에 그녀는 다음과 같은 조언을 해준다.

"운을 잡고 싶다면 무조건 빨리 움직여야 한다. 할 일이 없다고 신세 한탄이나 하면서 집에 있지 말고 밖으로 나가 움직여라. 사람을 만나든, 아르바이트를 하든, 취미에 미치든, 어떤 형태로든 움직여라."

밑바닥에서 쉽게 성공한 그녀 같아 보이지만 남모를 어려움도 많았다. 그중 하나는 가족 관계였다. 그녀의 부모는 그녀가 잘나갈 시점에 이혼을 했고 그녀는 법정에 불려 다녔다고 한다. 당장 살 곳도 없었고 매달 월세 걱정을 했다. 혼자가 된 엄마를 모시고, 부모님 빚을 갚아가며 앞으로 살 집을 마련할 궁리를 하며 30살을 보냈다. 부모님 대신에 동생을 돌봐야 한다는 강박 관념에도 시달렸다.

그 과정에서 그녀는 강한 딸이 되기로 마음먹는다. 그녀는 가족을 위해서 그리고 자신을 위해서라도 성공해야 했다. 그리고 독하게 자신의 일에 매진했다. 그로 인해 가족 간 정서적으로 멀어졌지만 예전처럼 초라하지는 않았다.

그런 그녀에게 충격을 준 인물이 있다. 그 인물은 그녀와 동갑이라는 서태지이다. 서태지는 고등학교밖에 나오지 않았지만 노래를 통해 세상에 자신을 세웠다.

"바로 여기가 단지 그대에게 유일한 장소이다.

환상 속에 그대가 있다.

지금 자신의 모습은 진짜가 아니라고 말한다."

그녀는 서태지의 노래를 들으며 힘들 때마다 위로받았다고 한다.

그녀의 성공은 그녀의 독기와 노력이 일구어 낸 것이다. 그녀가 만일 명문대를 갔다면 아마 그녀의 성공은 훨씬 쉬웠을 것이다. 하지만 그녀는 대입에 실패해 삼류대를 갔다. 허나 자신의 인생을 포기하지 않고 들러리 인생이 되지 않기 위해 자신의 패를 바꾸는 모험을 감행했고 결국 자신의 무대에서 활약하는 일류 인생을 살고 있다. 그녀의 행보는 젊은 이들에게 큰 위로를 줌과 동시에 동기부여를 일으킨다. 별 볼 일 없었던 그녀가 성공할 수 있다면 부족한 자신 역시도 성공할 수 있다는 희망을 느끼기 때문이다. 그래서 그녀가 토익강사로 그렇게 인기가 있는 것일지도 모른다.

⚜⚜⚜⚜⚜⚜
생각해 봐요

1. 유수연이 말하는 영어 잘하는 비결은 무엇인가요?

2. 들러리 인생에서 벗어나려면 어떻게 해야 하나요?

_____

3. 나도 무언가에 독기를 품고 도전한 적 있나요?

_____

당신의 꿈을 응원한다.

젊은이들은 미래에 대한 불안감에 시달린다. 그런 불안감이 심해 게임이나 영상 시청으로 도피하는 사람이 있을지도 모른다. 이에 유수연은 미래를 개척하는 길은 오직 독한 노력과 집요함이라고 답한다. 20대 때 자신의 패를 바꿀 기회를 반드시 가져야 하며, 그래야만 사회 속에서 들러리 신세가 아닌 주역으로 활동할 수 있을 것이라 단언한다. 그 역시 평범한 대학생으로 삶이 흘러갔다면 어느 중소기업의 평범한 일자리를 잡아 평균 이하의 월급을 받으며 무난하게 살아갔을지도 모른다. 하지만 그녀의 자존심인지 고집인지 열정인지 뭔지 모를 그 무언가가 그녀를 더 나은 세계로 나아가고 도전하게 만들었다. 그리고 선택한 해외 유학의 길. 우리는 이제 해외 유학을 통해서 모두가 성공할 수 없다는 사실을 알고 있다. 그리고 영어만 잘해서도 성공할 수 없다는 사실도 알고 있다. 해외에서 박사를 따고도 일자리가 없어서 노는 사람들도 많다고 한다. 하지만 유수연은 자신을 믿고 해외 유학을 떠나 석사까지 공부하고 돌아온다. 그녀가 선택한 것은 학원 강사였다. 아마 그녀의 적성과 그녀의 처지에 가장 잘 맞았었던 직업이었을 것이다. 그녀는 독하게 공부했던 것처럼 열심히 학원에서 수강생들을 가르쳤고 그에 대한 보상으로 억대 연봉을 받게 되었다.

세상에는 그런 그녀를 폄하하는 사람들도 많다. 그녀를 족집게 강사라고 비난하는 사람도 있다. 하지만 그녀의 삶을 본다면 아무도 그녀를 비난하지 못할 것이다. 그만큼 그녀는 독하게 노력했고 그 과정에서 얻은 것들을 젊은이들에게 나눠주기 위해 노력하고 있기 때문이다. 물론 그녀가 다정다감하고 배려가 많은 인물은 아니다. 까칠하고 직접적이고 현실적인 조언을 한다. 그것은 그녀의 개성일 것이다. 세상에는 다양한 종류의 사람이 있듯이 그녀 역시 그런 사람들 중에 한 명일 뿐이다. 우리는 늘 성공에 꿈꾸고 성공에 오른 사람들을 부러워한다. 하지만 그녀의 이야기는 성공의 비밀은 별것 없으며 자신을 믿고 꾸준히 인내하며 노력하는 자에게 기회가 간다는 사실을 보여준다고 할 수 있겠다.

인생은 희극이다
찰리 채플린

〈찰리 채플린〉

"저 꼬마 좀 보라구."

"어떻게 저렇게 흉내를 잘 내는 거지."

"그러게 말이야. 너무 웃기지 않나?"

"하하하하!"

관중들은 배꼽을 잡으며 어린 꼬마의 노래와 연기를 지켜보았다. 그것
은 우연한 기회에 무대에 올라간 찰리채플린의 데뷔 무대였다.

채플린은 1889년 영국 런던에서 태어났다. 그는 시드니라는 형이 한 명 있었으며 그의 부모는 모두 배우였다. 채플린의 어머니는 무대를 사랑하는 기품 있는 배우였다. 부모님의 이른 이혼으로 그는 어머니 해나의 영향을 크게 받았다.

"엄마, 배고파요."

"좀만 참으렴. 집에 먹을거리가 없구나."

해나의 건강상태가 악화됨에 따라 그녀와 채플린은 가난에 시달렸다. 채플린은 소매가 짧아진 옷을 입고 학교에 다녀야 했다.

"우리 집은 왜 가난해요? 왜 이런 낡은 옷을 입어야 하는 거죠?"

채플린에 말에 엄마는 고개를 저을 뿐이었다.

해나는 어느 날 시드니와 채플린에게 말했다.

"빈민 구제소에 들어가야겠구나. 먹을 것이 없어."

그곳은 남녀가 분리된 곳이라서 채플린은 엄마랑 떨어져야 했다.

이윽고 기숙사 학교에 가게 되었지만 가난하다는 것은 변함없었다. 그런 가난 속에서도 채플린은 다짐한다.

"세계 최고의 배우가 되고 말거야."

채플린은 다시 엄마와 형과 함께 살게 되었다. 가난했지만 같이 살게 되어 채플린은 기뻤다.

채플린의 엄마 해나는 정신병에 시달렸고 채플린은 식료품점 직원, 진료소 청소, 유리닦이 등 여러 직업을 전전해야 했다. 그 와중에도 채플린은 배우가 되겠다는 다짐을 잊지 않는다.

"난 꼭 세계 최고의 배우가 될 거야."

이곳저곳 극단을 알아보던 채플린은 어느 날 카노 극단의 카노 씨의 발탁을 받는다. 그곳에서 채플린은 웃기는 연기를 했고 무대는 성공적이었다.

"자넨 최고야!"

채플린은 카노 극단에서 가장 인기 있는 배우가 되었다.

어느 날 한 극단에서 연락이 왔고 그는 미국을 미국 전역을 다니며 연기를 하게 되었다. 그가 연기를 잘한다는 소문이 퍼지자 돈을 많이 벌게 되었고 가난도 벗어나게 되었다.

1913년 미국의 키스톤 영화사에서 채플린에게 연락을 해왔다.

"나는 영화보다 연극을 하고 싶은데. 가만있자, 영화가 더 좋을지도 몰라."

그렇게 채플린은 영화 촬영에 참여하게 된다.

채플린은 '떠돌이 캐릭터'를 만들게 되고 영화 세계에서도 큰 성공을 거두게 된다.

1915년, 그는 에사네이 영화사로 가게 되었다.

그는 밤낮으로 영화에 매달렸다. 그렇게 하다 보니 만드는 영화마다 성공을 거두었다. 채플린은 젊은 나이에 큰돈을 거머쥐게 되었다.

채플린은 1917년 퍼스트 내셔널 영화사와 계약하면서 직접 영화 촬영소를 세웠다.

"이제부터는 나만의 방식으로 나만의 영화를 만들 거야."

채플린은 영화 제작에 미친 듯이 매달렸다.

"난 희극 속에도 비극을 섞고 싶어. 그게 나만의 영화가 될 거야."

1918년 채플린은 해리스라는 영화배우를 만나 사랑에 빠져 결혼한다. 하지만 그녀와 곧 헤어지고 방황하는 시간을 보낸다.

그 와중에 만든 〈키드〉라는 영화는 큰 성공을 거둔다. 그 이후 만든 〈황금광 시대〉, 〈시티라이트〉, 〈모던 타임즈〉의 영화는 연달아 엄청난 성공을 거두며 그는 영화계의 전설이 되었다.

그 뒤 채플린은 스위스로 돌아갔고 영국 왕실의 작위도 받았다. 그는 1977년에 행복한 노후를 보내다 숨을 거두었다.

채플린은 세상을 떠났지만 그의 영화는 여전히 사랑받고 있다. 우리는 그의 영화를 통해 기쁨과 슬픔을 동시에 느낄 수 있다. 그래서 그의 영화는 영원한 것이다.

❀❀❀❀❀❀
생각해 봐요

1. 사람에게 가난은 어떤 고통일까요?

_____

2. 나에게도 채플린과 같은 꿈이 있나요?

_____

3. 채플린의 영화 중에 본 게 있다면 무엇인가요?

_____

당신의 꿈을 응원한다.

채플린은 어릴 때 가난을 겪는다. 가난을 겪지 않은 사람은 가난이 얼마나 비참한지 모른다. 가난은 많은 불편을 겪게 할 뿐만 아니라 자존심마저 상하게 하기 때문이다. 어쩌면 가난은 인류가 치유해야 할 질병일지도 모른다. 한국은 세계가 놀란 한강의 기적을 이루어 가난한 국가에서 벗어났다. 하지만 자세히 살펴보면 여전히 가난에 처해 있는 사람들이 많다. 더욱이 최근에 문제가 되고 있는 것은 상대적 가난이다. 빈부격차가 많이 나면서 중산층이 무너지고 하층민으로 전락한 많은 사람들이 부자에 비교해 상대적 박탈감에 시달리고 있는 것이다.

가난으로부터 벗어나기 위해서는 제도적 장치도 중요하겠지만 본인의 노력이 가장 중요하다고 생각된다. 빈민 구호소에서 살아야 할 정도로 가난했던 채플린이 꼭 세계적인 배우가 되겠다고 다짐해 꿈을 이루어 가난에서 벗어났듯이, 우리도 우리의 꿈을 이룸으로써 부자가 될 수 있다. 많은 사람들이 수저 계급론을 논하며 계층은 고정되어 쉽게 변하지 않는다고 한다. 하지만 어떤 사람들이 불평할 때 어떤 사람들은 직접 수저를 만들어 가면서 미래의 성공을 향해 나아간다.

지금이야 별 볼 일 없는 하층민에 속하는 것은 마찬가지겠지만 10년, 20년 후가 지나면 그들 사이에는 차이가 생겨 꿈을 향해 노력한 자는 더 상류 계급으로 올라가고 그렇지 못한 자는 여전히 그 자리에 머무를 것이다. 우리에게 필요한 것은 성공한 사람들에 대한 이야기다. 나보다 못한 사람들이 성공과 승리를 쟁취해 가는 이야기를 읽음으로써 용기와 자신감을 얻을 수 있다. 그런 면에서 채플린의 일화도 자신감을 심어주기에 충분하다. 채플린의 삶을 통해 자신감과 용기를 되찾는 사람들이 많아졌으면 좋겠다.

4부

용기

영원한
인류의 스승
붓다

〈붓다〉

싯다르타는 왕국에서 태어났다. 어렸을 때부터 총명하고 재능이 많아, 배우는 것마다 빨리 이해했고 무술에도 능했다. 그러던 중 그는 궁궐 밖을 나가게 된다.

"저 사람은 누구냐?"

"저 사람은 늙은이입니다. 사람은 모두 늙어 죽지요."

"저기 누워 있는 저 사람은 무엇이냐?"

"저 사람은 병자입니다. 사람은 누구나 병에 걸리지요."

싯다르타는 병들어 죽어가는 사람을 보며 충격에 빠진다. 그는 명상을 하러 나무 밑에 앉았지만 번뇌에 휩싸여 명상을 하기가 힘들었다.

그는 왕에게 말했다.

"저는 이 왕국을 떠나 사문이 되어 인생의 진리를 찾아 나서겠습니다."

"그건 안 될 일이다. 너는 이 왕국을 물려받아야 한다."

"제 고민을 해결해 주시면 왕국을 떠나지 않겠습니다."

"그게 무엇이냐?"

"그것은 늙거나 병들어 죽지 않는 것입니다."

"어허! 그것은 나도 알 수가 없구나."

왕은 싯다르타에게 가르침을 줄 수 없었다.

싯다르타는 밤을 틈타 결국 왕국을 빠져 나왔다.

"자, 이제 나는 사문으로 살아가겠다."

그는 한곳에 앉아서 명상을 시작했다. 하지만 어떤 깨달음도 얻을 수 없었다.

"먼저 스승을 찾아야겠구나."

그는 명상으로 유명하다는 스승을 찾아갔다.

그 사문은 생각이 있는 것도 아니고 생각이 없는 것도 아닌 생각의 경지를 가르치고 있었다. 싯다르타는 오래 지나지 않아 그 경지를 터득했다. 하지만 그것이 진리가 아님을 알았다.

"이제 혼자서 터득해야겠구나."

싯다르타의 고행은 시작되었다. 그는 금식하며 온몸을 바쳐가며 진리를 알기 위해 애썼다.

그의 몸은 마른 나뭇가지처럼 말라갔고 그의 고통은 더해 갔다.

"진리를 알기 전까지 일어서지 않으리라."

하지만 진리는 나타나지 않았고 그는 자신의 수행방법에 의문을 가진다.

"이래서는 깨달을 수 없구나."

그는 육체를 회복하기로 하고 우유죽을 얻어먹는다.

그가 금식을 그만두는 것을 보고 같이 수행하던 수행자들은 그를 떠났다.

"결국 타락했군. 그 사람은 원래 왕자였어. 수행을 할 수 있을 리 없지."

하지만 싯다르타는 어느 때보다 정신이 맑았다. 보리수나무에 앉아서 명상에 빠진 싯다르타는 결국 진리를 깨닫고 붓다가 되었다.

붓다가 된 싯다르타는 같이 수행하던 사람들이 떠올랐다. 붓다가 다가가자 그들은 자신도 모르게 고개를 숙였다.

"싯다르타여, 고단하지 않습니까?"

"나를 싯다르타라고 부르지 말라. 나는 일체의 부모 붓다가 되었느니라."

붓다는 진리와 수행 방법인 팔정도에 대해 설법했다.

붓다의 가르침을 듣고 많은 사람들이 찾아왔다. 그들은 머리를 깎고 평등한 공동체에서 평온한 생활을 했다.

한 사람은 수행자들이 자는 모습을 보고 말했다.

"이렇게 땅바닥에서도 평온히 자는군요."

"마음에 번뇌가 없으면 평안한 법이지요."

붓다가 답했다.

하루는 사람들의 손가락을 모으는 살인귀에 대한 소문이 들려왔다.

붓다는 생각했다.

"불쌍한 자구나. 내가 도와줘야겠다."

붓다는 살인귀를 찾아갔다.

살인귀는 말했다.

"도망가지 마라!"

"두려워한 것은 네가 아니냐. 나는 너를 가르치기 위해 왔다."

붓다의 말에 살인귀는 본래의 선한 마음을 되찾고 그의 제자가 되었다.

그 후 붓다는 많은 이들을 교화시키고 열반에 들었다.

붓다는 말한다.

"자신을 의지처로 삼아 부지런히 나아가라."

붓다는 영원한 인류의 스승이다.

✤✤✤✤✤✤
생각해 봐요

I. 싯다르타는 왜 사문이 되려고 했나요?

_____

2. 싯다르타의 고민을 해결할 방법이 있을까요?

_____

3. 살인귀가 마음을 되찾은 이유는 무엇인가요?

_____

당신의 꿈을 응원한다.

인생을 살다 보면 고통에 빠질 때가 있다. 불교에서는 인생을 고의 바다라고 말한다. 고통만이 가득하다는 것이다. 사람은 탐욕, 성냄, 어리석음에 의해 괴로움을 당한다. 그러므로 탐욕, 성냄, 어리석음에서 벗어나면 고통에서 벗어나 편안히 살 수 있다. 우리는 평소에는 자기 잘난 것만 믿고 살아가기 바쁘다. 종교가 없는 사람들은 종교를 대신할 돈, 사람, 명예, 인기와 같은 것에 의지하면서 살아간다. 하지만 어떤 시점에서 고통을 맛보고 나서는 인류의 성인들의 가르침에 관심을 갖기 시작한다. 성인들의 말은 진리이며, 그들의 말을 따랐을 때 고통에서 벗어나 행복한 삶을 살 수 있기 때문이다.

붓다의 가르침은 어려운 것이 아니다. 욕심을 버리고 착하게 살라는 것이다. 어린아이도 아는 당연한 이야기이다. 하지만 우리들은 우리의 욕심 때문에 이 기본적이고 상식적인 이야기를 잊고 살아간다. 그리고 뜨거운 화상을 손에 입고 그제야 자신이 불덩이를 쥐고 있음을 깨닫는다.

싯다르타의 물음은 인류의 근본적이고 본질적인 물음이다. 진리를 향해 떠난 싯다르타는 우리의 모습과 다르지 않다. 우리를 대신해서 진리를 얻기 위해 발걸음을 나선 것이다. 우리는 그의 가르침을 통해 고통에서 벗어나고 행복의 길을 갈 수 있게 되었다. 붓다의 가르침은 염세적이고 부정적으로 보이나 오히려 보다 행복한 삶과 자유를 지향하는 긍정적인 자세를 담고 있다. 우리나라에도 세계적으로 훌륭한 스님들이 나와서 많은 사람들이 행복하게 살아가는 데 많은 도움을 주고 있다. 삶이 괴롭고 어떻게 사는지 답답하다면 한 번쯤은 스님들의 말에 귀를 기울이는 것도 도움이 될 것이다.

대륙의 붉은 별
모택동

〈모택동〉

"야 이 녀석아, 또 책을 보는 거냐? 넌 도대체 왜 쓸데없는 책만 보고 있는 거냐, 일 안 할 거냐?"

"아버지도 일 안 하잖아요."

"잔소리 말고 논에 가서 일해 이놈아!"

모택동은 어린 시절부터 책에 빠져 지냈다. 수호지, 삼국지 등의 역사 이야기책을 특히 좋아했다. 그중에서도 수호지 같은 반사회적 인물들이

활약하는 이야기가 마음에 들었다. 농사꾼이었던 아버지는 그런 모택동이 맘에 들지 않았다. 일에 몰두하지 않고 쓸데없는 책만 읽는 것처럼 보였기 때문이었다. 그런 아버지 때문에 모택동은 빠르게 오전에 일을 끝내고 남는 시간에 다시금 책에 빠져들었다.

모택동과 아버지와의 갈등은 심해졌다. 하루는 모택동이 강물에 뛰어들겠다고 한 사건이 일어난다. 그 이후 아버지는 조금은 완고함을 버리기 시작했다.

모택동의 책읽기는 수준을 높여 계속되고 있었다. 정관응의 『성세위언』을 읽고 감동한 그는 '이렇게 살아서는 안 되겠다'고 다짐하며 법률과 정치학 책을 읽기 시작했다. 그는 집안에 틀어 박혀 책에 몰입했다. 그런 모택동을 아버지는 장부나 정리하라면서 구박한다.

아버지와 다투던 모택동은 16세가 되자 꿈을 찾아 대도시 장사로 향한다. 새로운 환경에서 새롭게 시작해 보고 싶었던 것이다.

모택동은 우선 샹향 중학교에 입학한다. 배운 게 부족하다고 판단한 것이다. 하지만 다음해에 학교를 그만두고 도서관에서 책에 파묻혀 살았다.

"성립 제일 중학교에 입학하였는데 나는 이 학교를 좋아하지 않았습니다. 교과과정이 마음에 안 들었어요. 나는 다른 학생들이 귀가한 후 홀로 남아 독서를 했습니다. 『어비통감집람』을 읽은 후 혼자서 책을 보며 공부하는 게 낫겠다는 생각을 했습니다. 나는 6개월 만에 학교를 그만두고 호남의 성립 도서관에서 독서를 했습니다. 규칙적으로 아침에 도서관에 가서 점심은 떡 두 개로 해결하고 저녁까지 책을 읽었습니다. 이렇게 보낸 6개월은 나에게 소중한 시간이었습니다."

그 이후 그는 성립 제1사범학교에서 공부하기 시작한다. 성립 제1사범학교에서 5년간 공부한 모택동은 자신의 철학과 세계관을 확립한다.

모택동은 대학 시절 스승의 도움으로 베이징 대학의 도서관에서 일하게 된다. 모택동은 베이징 대학의 도서관에서 일하며 마음껏 책을 읽었다. 바쁜 가운데서도 틈틈이 공부하며 정치 토론 모임에도 참석했다.

리다자오는 중국에 공산주의를 소개한 사람으로 모택동은 특히 그에게 영향을 많이 받았다.

모택동은 어머니의 건강악화로 고향에 돌아가게 된다. 그런데 모택동이 고향에 돌아간 지 얼마 되지 않아 베이징에서 대규모의 학생 운동이 일어난다. 그는 주간지를 만들어 공산주의에 대한 글을 싣는 등 새로운 소식을 고향 사람들에게 알리기 시작한다.

하지만 군벌 장징야오는 잡지를 폐간시킨다. 모택동은 굴복하지 않고 1919년 후난성에 학생 연맹을 결성해 군벌의 독재에 반대하는 투쟁을 벌인다.

1921년 모택동을 비롯한 공산주의자들이 상하이로 모였다. 제1회 중국 공산당 전국 대표 회의에 참가하기 위해서였다. 하지만 아직 공산주의는 널리 알려지지 않아 몇 명 모이지 않았다.

1923년 국민당과 힘을 합친 중국 공산당은 본격적인 활동을 시작했다. 모택동은 양쪽 당을 오가며 활발히 활동했다.

하지만 국민당의 장제스는 군벌과 친분을 맺으며 군사력을 쌓기 시작했다.

이에 모택동은 농민들의 불만을 모아 전달하는 농민 조합을 만들었다. 농민조합은 국민당의 군대에 처참히 패배당한다. 하지만 포기할 모택동이 아니었다.

모택동이 이끈 군대는 2배 이상의 국민당 군대를 몰아내고 승리를 거두었다. 12000킬로미터에 달하는 긴 길을 걸어온 공산당이 드디어 승리한 것이다.

하지만 국민당이 없어진 것은 아니었다. 국민당은 여전히 건재했고 공산당을 우습게 보고 있었다. 다시 국민당과 공산당은 충돌했고 국민당과의 싸움에서 승리를 거둔 모택동은 중화 인민 공화국 정부의 수립을 선포하고 국가 주석 자리에 오른다.

모택동은 주석자리에 오른 지 27년이 지나고 세상을 떠난다. 그는 생전에 말했다.

"혁명은 잔치를 하는 것도 예술 행위를 하는 것도 아니다. 혁명은 세련되지도 아름답지도 않다. 그럼에도 불구하고 혁명은 더 나은 사회로 가기 위한 과정이다."

중국 현대사에서 모택동에 대한 평가는 긍정적이다. 그만큼 그의 업적이 위대한 것이다. 그가 높이 평가되는 것은 바로 인민과 함께했다는 혁명성에 대한 평가인 것이다.

문화대혁명의 희생자였던 등소평마저도 모택동은 30퍼센트의 과오를 범했으나 70퍼센트의 공적을 쌓았다고 말했다. 중국인들에게 있어서 모택동은 대륙의 붉은 별로 가슴속에 남아 있다.

1. 모택동처럼 부모님과 대립할 때는 어떻게 해야 할까요?

_____

2. 모택동은 중국인에게 어떤 의미입니까?

_____

3. 큰 이득을 위해 작은 손해를 감수해야 할까요?

_____

당신의 꿈을 응원한다.

모택동을 대륙의 붉은 별로 만들어 준 것은 단연코 책의 힘이다. 그는 어릴 때부터 책을 읽었고 어떤 국가를 만들 것인지에 대해 꿈을 꾸었다. 그의 꿈은 독서라는 행위를 통해 머릿속에서 구현되었고, 그의 실천을 통해 현실로 이루어졌다. 여기서 우리는 책의 무서운 힘을 알 수 있다. 독서의 양과 질이 높은 수준으로 올라가면 독서를 하는 사람의 삶의 수준도 무서운 수준으로 올라간다. 그래서 부모님과 선생님들은 독서를 권장하는 것이다.

그는 아예 학교를 다니지 않고 도서관에 다녔던 시기마저 있다. 정규교육으로는 줄 수 없는 강력한 힘을 독서가 가지고 있다는 것이다.

또한 오늘날의 모택동을 만든 것은 그의 반항적인 성격에 있었다. 그가 아버지 말을 순순히 듣는 성격이라면 한 지역의 농사꾼으로 생을 마쳤을 것이다. 아니 잘 들었다면 제법 성공한 농사꾼이 될 수도 있었을 것이다. 하지만 그는 아버지의 말을 거역해 가며 책을 읽었고 중화 인민 공화국의 주석이라는 최고의 자리에 오를 수 있었다.

그는 혁명 기간 내내 세상을 판단하는 직관력과 귀신같은 전략을 구사하곤 했다. 산골짜기 동굴에 박혀 있으면서도 천하대세를 파악했고 각 지역에 전투를 벌이고 있는 군에게 명령을 내려 한 번도 패하지 않는 전적을 올린 것이다. 흡사 제갈공명 급의 지략을 발휘했으니 이런 능력을 가진 그를 중국인들은 신적인 존재로 여길 수밖에 없었던 것이다. 시대가 영웅을 만든다는 말이 있다. 모택동은 시대를 잘 타고난 영웅이다. 하지만 그가 독서와 실천을 위한 노력을 하지 않았다면 그는 없었을 것이다. 그가 집안의 반대를 무릅쓰고 도시로 나가지 않았다면 그는 작은 시골에서 살다 죽었을 것이다. 우리는 모택동처럼 큰 비전을 가지고 더 큰 세계를 향해 나아갈 필요가 있는 것이다.

영원한
농구 황제
마이클 조던

〈마이클 조던〉

✦

"스티븐, 제임스, 찰리, 토마스. 이상 대표 선수 명단이다."

"감독님, 왜 제 이름은 없습니까?"

"넌 키가 작은 데다가 실력도 형편없어."

농구에 모든 것을 걸었던 마이클 조던에게는 충격적인 일이었다.

"형, 내겐 재능이 없나 봐."

"아버지 말을 기억해 봐. 더 열심히 노력해서 최고의 선수가 되면 되잖아."

그 이후 마이클 조던은 연습에 더 몰두하게 된다.

NBA농구 역사에 남은 선수 마이클 조던의 시작은 초라했다.

마이클 조던은 어린 시절부터 운동을 좋아했다.

그의 아버지는 야구 선수가 꿈이었던 사람이었다. 그 영향으로 그는 어린이 야구단에 들어갔고 맹활약을 보여주기도 했다. 하지만 그는 이내 야구에 흥미를 잃는다. 그의 형 래리 조던은 농구에 뛰어난 실력을 가지고 있었다. 형의 영향으로 마이클 조던 역시 농구에 흥미를 갖게 되었다. 그는 형을 이기기 위해 농구를 시작했다.

마이클 조던은 고등학교 때까지 키가 178센티미터로 농구선수로는 작은 키였다. 게다가 그는 형인 래리 조던보다 농구를 못했다. 그가 형의 반만큼이라도 가기 위해 형의 등번호인 45번의 절반인 23번을 선택한 것으로도 그것을 알 수 있다.

마이클 조던은 선수로 선택되지 못했던 경험을 딛고 대표팀으로 선출되어 맹활약한다. 그의 대활약으로 인해 미국을 이끌 10명의 농구 선수에 선정되고 노스캐롤라이나 대학에 진학한다. 대학에서도 그는 실력을 보이며 노스캐롤라이나 대학 팀을 농구대회에서 우승으로 이끈다.

마이클 조던은 2년 연속 대학 최고의 선수로 뽑힌 후 1984년 NBA시카고 불스라는 팀에 입단 하게 된다.

"시카고 불스 팀은 꼴찌를 면하지 못하는 팀인데 잘해 낼 수 있을까?"

조던의 걱정과는 달리 시카고 불스는 우승을 차지한다. 필 잭슨 감독의 지휘와 마이클 조던의 활약 덕분이었다. 그 이후 시카고 불스는 3년 연속 우승을 차지하며 세계 최고의 팀으로 거듭난다.

그런데 승승장구하던 마이클 조던에게도 불행이 닥친다.

"아버지가 강도의 총에 맞아 돌아가셨습니다."

경찰의 전화에 마이클 조던은 할 말을 잃었다.

"내게 왜 이런 일이. 아버지!"

괴로워하던 마이클 조던은 농구를 하고 싶지 않았다.

"아버지는 야구 선수가 되는 게 꿈이셨지. 그리고 내가 야구선수가 되기를 바라셨어. 그래, 아버지 말대로 야구선수가 되어 활약하는 모습을 보여드리자."

마이클 조던은 NBA를 은퇴하고 야구 선수가 되었다.

그는 노력했으나 야구선수로는 그다지 좋은 성적을 거두지 못한다.

방황하던 조던은 1995년 다시 농구 코트에 복귀하기로 마음먹는다.

"제가 있어야 할 자리는 농구 코트인 것 같아요."

"그래, 잘 생각했어."

코치는 기쁘게 대답했다.

2년간의 공백에도 불구하고 마이클 조던은 맹활약했고 시카고 불스는 다시 한번 우승을 차지했다.

그 후 필 잭슨 감독이 은퇴하며 마이클 조던도 은퇴했다.

"필 잭슨 감독이 없는 팀에서는 다시는 뛰지 않겠습니다."

코트를 떠난 그는 워싱턴 위저즈라는 팀을 운영하는 구단주가 되었다.

그는 다시 복귀했다가 두 시즌을 뛰고 재차 은퇴를 선언했다.

그는 이후 명예의 전당에 오르는 등 NBA의 농구계의 역사로 남았다.

그는 말한다.

"나는 지금까지 9000번도 넘게 슛을 성공시키지 못했다. 나는 300번도 넘게 져봤다. 나는 계속 실패하고 또 실패했다. 그것이 내가 성공한 이유다."

✤✤✤✤✤✤
생각해 봐요

1. 마이클 조던에게 배울 점은 무엇인가요?

_____

2. 내가 있어야 할 장소는 어디인 것 같나요?

_____

3. 좌절을 이겨내고 더 노력해 본 일이 있나요?

_____

당신의 꿈을 응원한다.

누구에게나 실패와 좌절의 시간은 온다. 마이클 조던에게도 그런 시기가 있었다. 고등학교 대표팀에 선정되지 못한 것이다. 누구보다도 농구를 잘한다고 생각했고 농구에 자신을 걸었던 그였기에 그 결과는 충격적이었다. 그가 해야 할 일은 다른 선수의 물건을 들어다주는 잡일이었다. 하지만 그는 좌절하지 않았다. 더 독하게 마음먹고 훈련에만 매진했다. 그 결과 그는 최고의 선수가 될 수 있었다. 만약 그가 쉽게 대표 팀에 선정되었다면 어땠을까. 자만해서 최선을 다하지 않았을 것이고, 그저 그런 선수로 생을 마감했을지도 모른다. 하지만 좌절과 눈물은 그에게 약이 되었고 그는 최고의 선수가 될 기회를 잡은 것이다.

살면서 우리는 어려운 일을 겪는다. 그것은 시련이 아니다. 신이 내게 주는 선물과도 같은 것이다. 역경은 우리에게 중요한 것은 무엇인지 가르쳐 주고 우리가 내면의 힘을 최대한 끌어내어 미래를 향해 나아가게끔 한다. 사람은 위기와 좌절을 만나야만 진정한 자신의 힘을 드러내는 것이다.

배수진이라는 말이 있다. 전쟁을 할 때 물을 뒤에 두고 진을 치는 것을 말한다. 뒤에는 물이 있기에 물러설 수가 없다. 그렇기에 죽기로 싸워 전투에서 승리하는 일도 발생한다. 마이클 조던은 선수에서 탈락 후 배수진을 치고 연습에 몰두했다. 우린 때론 배수진을 치고 싸워야 할 때가 있다. 바라는 것은 오직 그뿐이고 해야 할 일은 오직 그 일이기에 목숨을 걸고 매진해야 하는 것이다.

물론 마이클 조던은 재능이 있는 선수이다. 그것도 NBA에서 최고의 재능을 가진 사람이었다. 하지만 그가 훈련과 연습에 몰두하지 않았다면 그 재능은 꽃피지 못했을 것이다. 그러므로 자신의 재능만 믿고 자만할 필요도, 재능이 없다고 좌절할 필요도 없다. 재능을 꽃피우는 것은 훈련의 양과 흘린 땀방울이다.

소를 그린
국민 화가
이중섭

〈이중섭〉

"이것은 다리이고, 이것은 등이야. 그리고 저것은 꼬리군. 저것은 얼굴이고."

하루 종일 소를 쳐다보는 사람이 있었다. 사람들은 수군거렸다.

"소에 미쳤다는군."

하루 종일 소를 관찰하고 그렸던 화가, 그가 바로 국민화가 이중섭이다.

그는 괜히 소를 그린 것이 아니었다.

"소는 우리나라 민족을 상징해. 꼭 내 모습을 보는 것 같기도 하구 말이야. 소를 더 많이 그려보자."

소를 그린 그림은 많이 있었지만 이중섭은 멈추지 않고 더 소를 그렸다. 그의 말대로 소는 우리나라의 민족이자 이중섭 자신과도 같았다. 그렇다면 그의 어린 시절은 어땠을까.

그는 1916년 평안남도 평원군 어느 부유한 대지주 가정에서 태어난다. 어릴 때부터 집안이 부자여서 먹고살 걱정은 없었다. 그 부유한 환경 때문에 그는 어린 시절부터 그림을 쉽게 접할 수 있었다. 이 때문에 그는 그림에 빠져들었고 재능을 보이기 시작했다.

이후 열다섯 살이 된 그는 오산 고등보통학교에 입학하게 된다. 그 학교에 한국 근대 서양회화의 시작을 연 임용련, 백남순이 미술교사로 부임했다. 그들은 인상주의, 야수주의, 표현주의, 구성주의 등 서구의 회화양식을 중섭에게 가르쳐 주었다.

이중섭은 어른이 되었고 스물셋의 나이에 야마모토 마사코를 만나 사랑에 빠지게 되었다.

"일본인을 만나다니 자네도 참 이상하군."

"일본인과의 사랑이 제대로 될 리 없어. 미련 버리게."

주위 사람들의 설득에도 그는 그녀와의 사랑을 포기하지 않는다.

1940년부터 1943년까지 이중섭은 그림을 그려 그녀에게 보내며 그의 사랑을 표현한다. 결국 그들은 1943년 5월 마사코가 한국에 오면서 결혼한다.

중섭은 말한다.

"마사코, 이제 당신에게 조선 이름을 지어 주겠소. 성은 이로 하고 남쪽에서 온 덕 있는 여인이라 해 이남덕이 어떻소?"

"좋아요."

그렇게 해서 마사코의 이름은 이남덕이 되었다.

하지만 행복도 잠시 한국 전쟁이 발발하면서 그들은 제주도로 가게 된다. 가난에 부딪혔으나 중섭은 그림을 손에서 놓지 않는다.

하지만 그 생활도 오래가지 못했다. 아내는 폐결핵에 걸리고 두 아들은 영양실조에 시달렸다. 결국 그는 아내와 아이들을 일본으로 보냈다.

그 이후 그는 고독과 가난 속에서 그림에만 몰두하는 시절을 보낸다.

종이 살 돈이 없어 담뱃갑 속 은박지에 그림을 그리기도 했다.

"은박지에 그림을 그리다니 참 독특하군."

"물감 살 돈이 없어서 한 호구책이라네."

그의 은박지 그림은 후에 훌륭한 예술 작품으로 인정받았다.

그는 그림에 자신의 모든 것을 쏟아부으며 아내와 아이들과의 재회를 꿈꿨다. 마침내 1955년에 개인전을 열게 되었다. 서울과 대구에서 열릴 전시회에서 호평을 받고 많은 작품을 파는 것만이 그에게 있어서 가족을 만날 수 있는 유일한 길이었다.

하지만 그의 작품은 호평을 받았으나 많이 팔리지는 않았고 그는 계속된 가난과 고독에 시달린다. 그는 그 와중에 자신만의 그림을 개척하겠다는 의지를 다진다.

"그래, 많이 팔리지는 않았지만 나만의 그림 세계를 완성해 보자."

중섭은 그렇게 그림에만 몰두하다가 끝내 아이들과 아내를 보지 못하고 죽고 만다. 장례식은 친구들이 모여서 조촐하게 치러졌다.

"중섭이가 갔구만 그려."

"그래도 중섭이의 그림은 남을 걸세."

이중섭이 국민화가가 된 것은 이중섭의 그림이 우리의 고난과 아픔을 담고 있었기 때문이었다. 이중섭은 떠났지만 그의 그림들은 우리들 마음 속에 영원히 기억될 것이다.

❀❀❀❀❀
생각해 봐요

1. 이중섭처럼 어릴 때부터 뭔가에 빠져 본 적이 있나요?

_____

2. 가족과 떨어져 본 경험이 있나요? 어떤 기분이었나요?

_____

3. 돈이 안 되는 것에 몰두해 본 적이 있나요?

_____

당신의 꿈을 응원한다.

이중섭은 소의 화가이자 국민 화가이다. 그는 가족과 떨어져 지내 고독했고 가난에 시달렸다. 그 와중에도 그림을 그리는 것을 멈추지 않았다. 오히려 그가 가난하고 고독했기에 그의 예술혼이 살아나 그림에 몰두할 수 있지 않았나 싶다.

예술가로 살아가는 것은 쉬운 일이 아니다. 부와 명예를 성취한 예술가는 손에 꼽을 정도이다. 대다수의 예술가들이 이중섭과 같이 가난과 고독 속에서 사는 경우가 대부분이다. 그들은 남들과 달랐기에 인정받지 못하고 다른 사람과도 섞이지 못하고 살아간다. 그럼에도 불구하고 그들의 예술혼에 의해 우리들이 경험할 수 있는 예술세계가 넓어진다.

예술가들은 우리에게 새로운 시각을 제시하고 남다르게 사물을 볼 수 있는 기회를 제공한다. 평소에 미술관을 자주 찾아 이들을 후원하고 그림을 구입하는 등 예술에 투자하는 활동을 하자. 그런 행동으로 인해 우리 사회에도 여러 예술가들이 탄생할 것이며, 인류의 역사를 발전시키는 동력이 될 것이다.

인생은 짧고 예술은 길다는 말이 있다. 예술가의 길은 경제적으로는 말이 안 될 만큼 고단할 수도 있다. 힘은 들고 돈을 벌기는 어렵기 때문이다. 하지만 예술에는 경제 논리로는 설명할 수 없는 무언가가 있다. 그렇기에 누군가는 예술가가 되고 새로운 예술을 창조하면서 새로운 세상을 꿈꾸는 것이다.

마흔두 살의 신인전
앙리 루소

〈앙리 루소〉

"그림 그리기란 쉽지 않구나. 대가들의 그림을 봐도 도대체 어떻게 그렸는지를 알 수가 있어야지. 내겐 미술 선생님도 동료들도 없으니 도무지 모르겠구나. 미술학원에 가자니 돈이 없어서 갈 수도 없고 그냥 내 마음대로 그려보자."

27살에 붓을 들어 거북이처럼 그림을 그렸던 사람이 있다. 그 사람이 바로 앙리 루소이다.

그가 미술을 시작한 것은 27살이었다. 이는 고흐가 화가가 되기로 결심한 나이와 같다. 천재 화가로 후세에 이름을 남긴 고흐처럼 앙리 루소도 독특한 화풍으로 많은 마니아들의 지지를 받았던 인물이다.

하지만 그의 처음은 쉽지 않았다. 생계를 유지하기 위해 세관원이라는 직업을 가져야 했고 평일에는 일에만 몰두해야 했다. 유일하게 시간이 남는 것은 일요일이었다. 그는 일요일에만 그림을 그렸기 때문에 일요일의 화가로 불렸다.

그가 정식으로 자신만의 아틀리에를 갖고 데뷔한 것은 49살이 되어서였다. 스승 없이 취미로 그림을 그린 지 22년 후였다. 하지만 그의 그림은 혹평을 듣는다.

"전혀 비율이 맞지 않아. 저것도 그림인가."

"정말 우스꽝스럽군. 어린애가 그린 것 같아."

"미술의 기본도 없는 것 같군. 저 실력으로 그림을 출품하다니."

그는 자식이 7명이나 있었기에 가정을 지키기 위해 평일에는 일해야 했다. 그래서 전문적인 기교는 부족한 점이 많았다.

하지만 그는 혹평에도 불구하고 꿋꿋이 그림을 그렸다. 가난과 함께 독학으로 그림을 배우는 데는 괴로움이 따라왔지만 자신만의 예술 세계를 구축하려는 그의 노력은 결국 훌륭한 작품들을 낳는 결실을 이뤘다.

"그림을 그릴 때 가장 행복합니다."

그는 누구보다도 그림그리기를 사랑했기에 계속해서 그림을 그려나갈 수 있었다. 애초에 그는 그림을 돈벌이의 수단이나 명예를 얻기 위해서 그린 것은 아니었다. 그저 그림이 좋아서 열심히 그렸던 사람이다. 그래서 유명화가의 작품을 모사하기도 하고, 자신만의 방식대로 자유롭게 그림을 그렸다. 그런 점이 그의 그림을 독특하게 하였다. 정식으로 미술을 배운 적 없다는 단점이 장점이 되어 개성적이고 창의적인 그림이 나온 것이다.

그의 그림은 묘한 분위기를 풍겼고 기존의 그림과 달랐기에 차별화되었다. 그런 점을 좋아하는 사람들이 생기면서 그도 정식 화가로 데뷔할 수 있었다.

직장을 가진 사람은 알 것이다. 직장과 자신이 하고 싶은 일을 병행하는 일이 얼마나 힘든지를 말이다. 자신의 꿈이 있는 사람은 직장과 자신의 일을 병행하는 이중생활을 견뎌 낸다. 앙리 루소는 22년간 그렇게 살았다.

그런 앙리 루소를 소박파라고 칭하기도 한다. 소박파는 정규 교육과정을 받지 않고 취미생활로 꾸준히 작품활동을 하다가 자신만의 예술 세계를 만들어낸 화가들을 칭하는 말로, 우편국원인 루이 비뱅, 원예사인 앙드레 보샹, 투기사인 카미유 봉부아와, 가정부인 루이 세라삐네가 있다.

그를 처음 발굴해 낸 것은 피카소였다. 피카소는 우연히 몽마르트의 골동품점에서 그의 작품을 발견하고 5프랑에 그 그림을 구입한다. 〈M 부인의 초상〉이라는 작품이었다. 그는 그 그림을 화실에 걸어 놓고 화실에 방문한 사람들에게 놀라운 작품이라고 소개했다. 피카소는 그림에 드러난 어린아이 같은 순수함과 원시성을 좋아했고 지인들과 함께 그를 위한 파티를 열어 주기도 했다.

물론 앙리 루소는 재능이 있었다고 한다. 재능이 전혀 없는데 독학으로만 그 정도의 경지까지는 오르지 못했을 것이다. 하지만 그에게 배워야 할 점은 가난한 환경과 어려운 살림살이 때문에 세관원을 하면서도 자신의 꿈을 잊지 않고 꿈을 이루기 위해 노력했다는 점이다. 그는 끝까지 화가로서의 자신만의 세계를 구축하려는 노력을 포기하지 않았다. 덕분에 오늘날 그의 그림은 가치 있는 작품으로 남게 되었다.

⚜⚜⚜⚜⚜
생각해 봐요

1. 직업 말고 자신이 좋아하는 취미가 있나요?

_____

2. 직장 생활과 취미 생활 중 어느 것이 더 중요할까요?

_____

3. 자신의 잠재력을 발휘하기 위해서는 어떻게 해야 할까요?

_____

당신의 꿈을 응원한다.

사는 게 내 마음대로 되었으면 좋겠지만 모든 사람의 인생이 자신의 마음대로 되는 것은 아니다. 부모를 잘 만나 자신이 하고 싶은 것을 마음껏 펼칠 수 있는 사람이 있는가 하면 가난과 다른 어려움으로 전전긍긍하는 사람도 있다. 앙리루소의 꿈은 화가였으나 그의 꿈을 실현할 수 있는 환경을 가지지는 못했다. 그는 7명의 자식을 부인을 부양해야 했으며 가정불화에도 시달렸다. 하지만 그런 상황 속에서도 화가라는 자신의 꿈을 포기하지 않았다. 시간이 나는 주말을 이용해서 수만 장의 그림을 그렸다. 일하고 난 주말은 피곤하다. 많은 사람들이 그저 주말을 쉬는 날로 여기고 늦잠을 자거나 할 일 없이 시간을 보내곤 한다. 그 역시 피곤하고 쉬고 싶은 것은 마찬가지였다. 하지만 그에게는 꿈이 있었기에 화판을 들고 밖으로 나갔다. 그에게 그림은 꿈이었기에 쉬지 않고 그려도 힘든 줄을 몰랐다.

 뭔가에 몰두해 본 사람은 안다. 뭔가에 몰두한다는 것은 가장 기분 좋은 경험이라는 것을. 몰두할수록 실력이 늘고 실력이 늘수록 더욱 몰두할 수 있다. 그렇기에 집중 그리고 플로우(flow)의 체험은 행복으로 가는 지름길이다. 그가 그림을 그리며 행복했던 것은 세관원이라는 직업 생활과 골치 아픈 집안일에서 벗어나 오로지 그림에만 집중하면서 보낼 수 있어서가 아니었을까. 당신에게도 루소처럼 취미가 있는가. 없다면 지금이라도 당장 하나 이상의 취미를 만들어보는 것은 어떨까. 우리에게 가장 중요한 것은 생계를 유지하고 풍요로운 삶을 보장하는 직업이겠지만, 자신의 흥미와 장점과 연관된 취미 생활은 우리 인생을 더욱 풍성하고 가치 있게 만들어 준다. 운이 좋다면 앙리 루소처럼 취미가 자신의 직업이 되는 행운과도 만날 수 있을 것이다.

신은 죽었다
니체

〈니체〉

⚜

"안 돼, 말을 그만 때려! 말이 불쌍하지도 않나! 말아 이리 오렴!"

채찍에 맞은 말을 끌어안고 오열하는 정신 나간 사내가 있었다. 그 사내가 바로 현대철학으로 세상을 보는 관점을 바꾸었던 니체다.

니체는 평생 정신병에 시달렸다. 아마 집안의 내력인 듯했다. 그의 아버지 역시 정신병을 앓았다. 그는 정신병으로 인해 기본생활 자체가 어려울 때가 많았으나 오히려 그런 괴로움을 예술적 활동으로 승화시켰다.

니체는 수많은 사람들에게 영향을 주었다. 그중에는 유명한 사람들도 많다. 헤르만 헤세, 리하르트 슈트라우스, 카를 융, 윌리엄 버틀러 예이츠 등이 그의 영향을 받았다. 그는 철학뿐만 아니라 문학, 음악, 심리학 등의 영역에도 크게 이바지하였다.

니체는 1844년 카를 루트비히 니체와 프란치스카 외털 사이에서 태어났다. 아버지는 목사였고 그의 영향을 받아 어린 시절부터 교회를 다녔다.

그는 자라면서 기독교 신앙에 의문을 갖게 된다.

"예수를 그냥 인간으로 바라보아야 하지 않을까."

"창세기를 곧이곧대로 받아들이는 건 어리석어."

그저 교회를 다니고 목사를 따르고 신앙생활을 하던 친구들이나 가족들은 그를 이해하지 못했다. 그는 기독교 신앙과 성경도 그리스 로마 신화와 같이 분석하고 비판할 수 있다고 생각했다. 결국 그는 종교를 버렸다. 그 당시 사람들로서 신을 믿지 않는다는 것은 있을 수 없는 일이었다.

"신을 믿지 않는다니 사탄의 꾀에 넘어간 거냐?"

"오빠가 신을 믿지 않는다는 게 믿기지 않아!"

니체가 신을 믿지 않자. 그의 어머니와 동생과도 사이가 멀어졌다.

하지만 니체는 신념을 굽히지 않고 고전 문헌학을 전공하며 음악과 철학에도 깊이 심취했다.

1869년에는 리츨 교수의 추천을 받아 스물다섯 살의 나이에 바젤 대학교의 객원교수로 채용되었고 1870년에 정교수가 되었다.

1882년에는 로마에서 루 살로메와 만나 첫눈에 반한다.

"당신같이 매력적인 사람은 처음이오. 나의 사랑을 받아주시오."

하지만 루 살로메는 이미 사교계에서 인기가 많아 여러 남자들의 구혼을 받고 있었다.

"난 당신과 결혼할 생각이 없어요."

짧았던 루 살로메와의 만남은 끝이 났고 그는 극심한 고통과 고독에 시달렸다.

그 와중에 육체와 정신적 고통 속에서도 집필에 몰두해 『차라투스트라는 이렇게 말했다』를 세상에 내놓는다. 하지만 그의 책은 그가 쓴 다른 책들과 마찬가지로 거의 팔리지 않았다. 심지어 4부의 경우 자비로 40부 정도만 출간되었을 뿐이었다.

『차라투스트라는 이렇게 말했다』에는 다음과 같은 내용이 나온다.

"자신을 진정으로 사랑하기 위해서는 먼저 무엇인가에 온 힘을 쏟아야 한다. 자신의 다리로 높은 곳을 향해 걸으면 고통이 따르지만 그것은 마음의 근육을 튼튼하게 만드는 고통이다."

정신병으로 고통을 앓았지만 평생 신앙이 아니라 인간 스스로의 의지를 통해 삶을 구현하려고 했던 니체는 쉰다섯 살에 숨을 거두었다. 그의 여동생은 그의 철학을 알리기 위해 애를 썼다. 니체는 생전에는 인정받지 못했지만 그의 저서들이 차츰 알려지면서 현대 철학의 방향을 바꾸는 사상으로 널리 알려졌다. 그리고 수많은 사람들이 그의 철학에 영향을 받았다. 현대 철학의 거장이 된 것이다.

1. 내가 니체라면 신을 믿었을까요?

_____

2. 니체가 추구했던 것은 무엇인가요?

_____

3. 종교문제로 가족과 갈등한 적이 있나요?

_____

당신의 꿈을 응원한다.

   니체는 평생 정신병에 시달렸다. 의학이 더 발전한 최근에 태어났다면 정신병을 치료받아 평범한 삶을 보낼 수 있었을지도 모르겠다. 아마 그게 그에게 더 행복한 인생이 아니었을까. 하지만 정신병으로 인한 광기는 그의 사상과 철학을 완성시키는 역할을 했고 천재적인 사상을 세상에 내놓는 결과를 가져왔다.

   유명한 사람 가운데는 니체처럼 정신병을 앓았던 사람이 많다. 헤밍웨이는 노벨 문학상까지 수상했으나 정신병으로 스스로 목숨을 끊었고, 버지니아 울프 역시 신경 쇠약과 정신병 증세에 시달리며 자살로 생을 마쳤다. 니체 역시 말년에는 미쳐서 방에만 누워 있었다. 그 와중에 그가 내려쓴 작품들은 인류의 소중한 자료로 남았다.

정신병자와 천재는 종이 한 장 차이라는 말이 있다. 인류의 천재들은 대개 정신적 불안으로 고통받으나 그들의 고통은 세상을 바꾸는 힘이 되어 평범한 우리들에게 도움을 준다.

당신이라면 어떤 삶을 살고 싶은가. 정신병을 겪지만 인류를 바꾸는 천재로 살고 싶은가. 아니면 평범하지만 행복하게 사는 삶을 선택하고 싶은가. 신은 비범한 천재에게 괴로움을 주면서 인류를 바꾸는 명예를 주는 것일지도 모른다. 선택은 우리 자신에게 있다.

해바라기의 화가
반 고흐

〈반고흐〉

❀

"당신같이 더러운 전도사는 처음 보겠소. 당신은 해고야!"

"난 민중들과 함께 생활하려고 했을 뿐이오."

목사가 되기 위해 전도사를 하고 있던 27살의 고흐는 곧 해고당한다.

"이제 무엇을 해야 하나?"

그러던 중 그는 민중들의 삶을 그린 종이를 살펴보았다.

"그래, 그림을 그리자. 민중들의 삶을 담아 그들을 위로하자."

그는 동생 테오의 도움으로 화가로서의 삶을 시작했다. 하지만 말만 화가이지 아무도 그에게 관심을 두지 않았다. 테오의 도움으로도 살기가 어려워 늘 가난과 괴로움에 시달려야 했다. 하지만 그 와중에도 그는 그림에 몰두해 수많은 그림을 그리기 시작한다.

어느 날 그는 '감자 먹는 사람들'이라는 그림을 그렸다.

"그래, 이 그림이라면 호평을 받고 비싼 값에 팔릴 거야."

그는 기쁜 마음으로 테오에게 그림을 보내고 답장을 기다렸다. 이윽고 동생 테오에게 답장이 왔다.

"형 그림은 팔리지 않았어. 그림이 엉망이래. 비례도 맞지 않고 사람은 동물 같고, 손은 비정상적으로 크대."

"뭐라고, 내 그림이 엉망이라고?"

고흐는 불같이 화를 냈다.

"이것은 민중들의 삶의 모습을 잘 드러낸 역작이야! 이런 평을 듣다니!"

고흐는 다시금 외톨이가 되었다. 그러던 고흐에게도 좋은 일이 생긴다. 고갱이라는 화가가 찾아와 고흐와 같이 생활하게 된 것이다.

"자네 그림이 마음에 드는군. 자네야말로 훌륭한 화가가 틀림없어."

그들은 처음 만났지만 오랜 친구처럼 친해졌다. 그리고 고갱과 고흐는 같이 미술작업을 하기 시작했다.

하지만 그들의 행복은 오래가지 않았다. 외향적인 고갱과 내향적인 고흐는 개와 고양이처럼 성격이 달랐다. 게다가 첫인상과는 달리 그들의 그림관은 현격한 차이가 있었다.

"뭔가 이거? 자네, 나를 그린 건가?"

"물론이지, 어떤가?"

"자네 장난하는가. 마치 정신병자처럼 나를 그렸잖아."

"난 이게 자네의 모습을 잘 표현한다고 보는데."

고흐는 자신의 모습을 그린 고갱의 그림이 마음에 들지 않아서 크게 싸웠다. 그들의 싸움은 계속되었다. 하루는 친하게 지내던 카페 여주인 지누 부인을 그렸다. 고흐는 지누 부인에게 좋은 감정을 가지고 있었다.

"뭔가 이거, 지누 부인을 그린 건가?"

"그래, 잘 그린 것 같은가?"

"뭐야 이거! 완전히 술집 여자처럼 그렸잖아. 당신 지누 부인을 업신여기는 건가?"

"그러는 자네 그림은 어떤가. 마치 귀부인처럼 그렸군. 지누 부인은 술집 여자인 게 사실이지 않은가?"

그들의 다툼은 심해졌다. 이윽고 불화가 심해진 어느 날, 마침내 폭발한 고흐는 귀를 자르고 만다. 그리고 고갱이 떠나면서 그들의 공동생활도 끝이 났다.

고흐로서는 좋은 동료를 잃어버린 셈이었다. 그는 다시 그림에만 몰두하는 시간을 보냈다.

하지만 고흐의 그림은 단 한 점이 팔렸을 뿐 전혀 사람들의 관심을 받지 못했다. 오직 동생 테오만이 그를 격려하며 후원할 뿐이었다.

고흐는 결국 정신병원에 입원한다. 정신병원에 입원해 있으면서도 그는 시간이 나면 그림에 몰두했다. 그러나 그의 병은 심해졌고 결국 권총 자살로 생을 마감하고 만다.

생전에는 인정받지 못했던 고흐 작품들은 지금은 수십, 수백억 원에 거래되고 있다. 죽고 나서 세계 최고의 작가로 인정받은 것이다. 신은 왜 생전에 그에게 기쁨을 안겨주지 못했을까. 아마 더 좋은 작품을 그리라는 배려였을지도 모른다.

✤✤✤✤✤✤
생각해 봐요

1. 반 고흐처럼 나만이 가지고 있는 재주는 무엇인가요?

_____

2. 인기가 없어도 끝까지 하고 싶은 무언가가 있나요?

_____

3. 죽을 때까지 하고 싶은 게 있나요?

_____

반 고흐는 죽고 난 후 세계 최고의 화가로 인정받았고 우리나라에서도 인기가 높다. 고흐의 삶은 비극이었지만 그림을 그릴 때만큼은 그가 집중과 몰입에 빠져 있었을 거라고 추측해 본다. 고흐는 자신의 귀를 가위로 자를 만큼 불안정한 성격과 정신병을 가지고 있었다. 하지만 그의 정신병은 그림이라는 예술로 승화되어 귀중한 작품들을 인류에게 남겼다. 우리는 그런 고흐의 스토리에 더욱 열광하는 것인지도 모른다.

그가 테오에게 쓴 마지막 편지는 이렇다.

"이제 와 생각하니 쓸모없는 일 같지만, 나는 너에게 정말 많은 것을 이야기하고 싶었다. 나는 내 작품에 삶 전체를 걸었고 그 과정에서 내 정신은 무수히 괴로움을 겪었다. 다시 말하지만 너는 내게 그저 평범한 화상이 아니었고 항상 소중한 존재였다."

그의 마지막 작품인 〈까마귀가 있는 밀밭〉의 까마귀는 그의 죽음을 상징한다고 한다. 인류에게는 귀중한 작품들을 남겨주긴 했지만 고흐처럼 불행한 미술가는 다시 나오지 않았으면 하는 바람이다.

5부

희망

알파고를 이긴
유일한 바둑기사
이세돌

〈이세돌〉

"이세돌 선수가 알파고에 4:1로 패했습니다."

세상을 깜짝 놀라게 한 뉴스가 있었다. 인간이 알파고에게 바둑에서 진 것이다. 이세돌은 말했다. "이것은 이세돌이 진 것이지 인간이 진 것은 아니다." 하지만 세계 랭킹 1위인 커제가 알파고에 완패하면서 이세돌이 이긴 한 판이 인류가 알파고와의 싸움에서 거둔 유일한 일승으로 남았다. 그 후 이세돌은 바둑에 흥미를 느끼지 못하며 은퇴를 선언했다.

그렇다면 인류에게 유일한 승리를 안겼던 이세돌의 어린 시절은 어떠했을까.

"가장 어려운 수준의 바둑책인 〈발양론〉까지 다 마치고 난 다음에는 다시 첫 단계인 〈기경중묘〉로 돌아가서 〈발양론〉까지 끝냈다. 이렇게 같은 코스를 몇 번을 되풀이하면서 고전사활집을 마스터했다."

그는 바둑이 취미인 아버지에게 바둑을 배웠다. 아버지의 바둑은 그렇게 뛰어난 수준은 아니었으나 어린 이세돌에게는 훌륭한 스승 역할을 했다. 이세돌은 처음에는 형이나 누나에게도 지곤 했으나 실력이 차츰 늘어 아버지를 능가하게 되었다. 아버지는 이세돌을 서울로 유학 보내기로 한다.

그가 처음부터 승승장구한 것은 아니었다. 그는 1994년 입단 대회에서 떨어진다. 입단대회는 치열한 경쟁에서 이겨야 했기에 바늘구멍을 통과하는 것처럼 어렵다고 한다. 이세돌 역시 재능은 있었으나 그 문을 뚫기란 쉽지 않았다. 하지만 그는 절치부심하고 1년을 더 준비해 1995년 열세 살의 나이에 프로에 입단한다.

그 후 별 성적을 내지 못하였으나, 아버지가 돌아가신 후 성적이 상승하여 2000년 말 박카스 배에서 첫 타이틀을 획득했다.

"'막둥이 우승하는 거 좀 보자.' 아버지의 목소리가 들리는 듯했다."

"아버지가 살아계실 때 잘했으면 좋았을 텐데."

이세돌은 뒤늦은 후회를 했다며 안타까운 심정을 고백했다.

이후 박카스 배에서 우승한 후 배달왕전에서 타이틀을 따내 열흘 만에 타이틀을 두 개 따고 매스컴의 주목을 받는다. 이세돌의 시대가 열린 것이다.

잠깐 성적은 부진하고 침체기가 있었으나 다시금 우승을 하며 정상의 자리에 오른다. 그는 성적부진을 떨친 것은 순전히 운이 좋아서였다고 말한다.

그가 후배와 제자들에게 가장 많이 하는 말은 자신감이다. 자신감 있게 할 때 좋은 성적이 뒤따라온다는 것이다.

"자신감을 잃으면 그 어느 것도 되지 않는다."

그는 바둑판에 앉아서 연구하는 스타일이 아니다. 오히려 평소에 머릿속에서 바둑판을 그리며 자유롭게 구상하는 스타일이다. 그는 자신만의 스타일을 밀어붙였기에 성공할 수 있었다고 말한다. 바둑판에 앉아 있기만 했다면 실패했을 것이라고 했다.

그는 바둑을 하면 머리가 좋아진다는 것은 맞지 않는 말이며, 여성들이 바둑을 두지 않는 것을 안타까워했다. 경쟁이 치열한 남성부에 비해 여성부는 선수 폭이 넓지 않아서 더 유리하다는 것이다.

"나는 남들보다 빠르게 배웠습니다. 하지만 기재라는 것은 극복 불가능한 것은 아니라고 생각합니다."

그는 재능이란 극복 가능한 것이며 긴 바둑생활에서 재능이 차지하는 비중은 그렇게 크지 않다고 말한다.

그의 취미는 산행이다. 심지어 하루에 두 번 산을 오를 때도 있다. 그는 말한다.

"나는 전투적으로 산행을 해요. 오직 산을 오르는 것에만 신경을 씁니다. 그렇게 산을 오르고 나면 모든 것을 잊을 수 있어서 개운합니다. 늘 바둑생각에 머리가 아프거든요."

그는 광저우 아시안 게임에서 금메달을 따는 등 맹활약했다. 이제 그는 공식적으로 완전히 은퇴한 상태이다. 그의 바둑을 다시 보지는 못하겠지만 바둑기사 이세돌은 많은 이들의 기억에 남을 것이다.

⚜⚜⚜⚜⚜⚜
생각해 봐요

1. 인공지능은 어디까지 발전할 것 같나요?

_____

2. 바둑이란 스포츠에 대해 어떻게 생각하나요?

_____

3. 나에게도 무언가 재능이 있다면 무엇인가요?

_____

인간이 가진 고도의 뇌 작용으로만 가능하다고 생각했던 바둑영역을 컴퓨터가 정복한 것은 세상을 놀라게 했다. 누구보다도 뛰어나다고 생각했던 이세돌이 그 상대였기에 그 결과는 더욱 놀랍다. 사실 많은 사람들이 이세돌의 완승을 점쳤다고 한다. 극소수의 사람만이 알파고의 승리를 예상했다. 그도 그럴 것이 알파고는 단 5개월 전에 판후이 2단 선수와의 경기에서 장고로는 다섯 번을 모두 이겼으나 속기로는 3승 2패를 했다. 알파고의 기보를 살펴본 이세돌은 알파고는 아마 최강자 수준이라고 판단했으나 자신의 압승을 예상했다.

하지만 1경기가 시작되고 사람들의 예상과는 다르게 186수만에 알파고의 불계승으로 게임은 끝나버렸다. 알파고는 4주 만에 100만의 대국을 소화했던 것이다. 당시 심정은 충격적이었다고 이세돌은 고백했다. 다음 게임에서 이세돌은 더 신중했으나 역시 211수만에 패하고 말았다. 3번째 대국에서도 176수만에 돌을 던졌다. 이제 더 이상의 패배는 수치가 아니었다. 알파고의 실력을 보았기 때문이다. 부담이 조금 내려와서일까, 이세돌은 4국에서 특이한 수로 승리를 거둔다. 사실 그것은 이세돌의 수가 기막힌 탓도 있었지만 알파고가 자체적으로 오류가 나면서 스스로 무너진 데 원인이 있었다. 이세돌은 간신히 1승을 거두었으나 다음 판에 패하면서 4:1로 결국 완패하고 말았다.

인공 지능은 현실화되고 있다. 사람의 영역을 이기는 인공 지능 앞에 우리는 어떤 능력을 키워 나가야 할지 고민해야 한다. 보다 인간만이 할 수 있는 고유의 영역에 대한 학습이 미래에 멋지게 대응하는 길이 아닐까 생각해 본다.

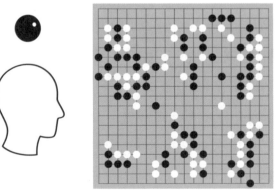

비디오 아트의
창시자
백남준

〈백남준〉

"그래, 티비를 예술에 이용하는 거야."

백남준은 티비를 이용한 예술 작품을 만들었다. 그렇게 해서 〈음악의 전시회〉라는 제목으로 개인전을 열게 되었다.

"저것 봐, 티비가 왜 저기 있지? 피아노도 있군. 그런데 연주하는 게 아니네. 뭔가 특이해 보이는군. 그런데 이것도 예술인가?"

그의 첫 전시회는 사람들에게 신선한 충격을 주었다.

이 전시회는 나중에 비디오 아트의 시초로 인정받게 되었다. 백남준이 어려운 시절 마련한 티비 13대로 만든 이 작품은 그를 비디오 예술의 선구자로 만들었다.

백남준은 1932년 7월 20일 부유한 집안에서 태어났다. 그는 어릴 때부터 피아노에 관심이 많아 피아노 연주하기를 좋아했다. 하지만 아들을 사업가로 만들고 싶었던 아버지는 그가 피아노 치는 것을 싫어했다.

"사내 녀석이 피아노가 뭐냐, 녀석아 넌 사업가가 되어야 해."

"저는 피아노가 좋은 걸요."

백남준은 경기 중학 시절 스승을 만난다. 바로 작곡가 이건우 선생님이다.

"잘 들어 봐라, 이것이 바로 아널드 쇤베르크의 음악이란다."

그는 쇤베르크의 음악을 듣고 나서 갈증과 답답함이 풀렸다.

"그래, 내가 추구하는 음악은 바로 이런 거야."

그는 1950년 일본으로 건너가 도쿄 대학교 미학과에 입학한다. 아버지에게는 상과 대학에 다닌다고 거짓말하고 미학과에 들어간 것이었다.

"이 녀석이! 너에 대한 지원은 끊겠다!"

하지만 다른 가족들의 도움으로 그는 계속 공부할 수 있었다.

일본의 노무라 요시오 선생님은 백남준에게 존 케이지라는 전위 음악가를 소개한다.

"그래, 세상의 모든 소리가 음악이구나."

"이제 내가 하고 싶었던 것을 찾았어."

백남준은 존 케이지의 음악에 크게 반했다.

1960년 그는 독일 쾰른에서 백남준은 〈피아노 포르테를 위한 습작〉을 공연하게 되었다. 그는 그 공연에서 피아노를 부수고 존 케이지의 와이셔츠와 넥타이를 자르고 그의 머리에 샴푸를 붓는 등의 행위를 한다. 그리고 공연장을 빠져나간다. 이윽고 공연장에 전화가 온다. "공연은 끝났습니다." 백남준의 전화였다.

사람들은 충격을 받아 자리에서 일어나지 못했다.

"이것도 공연인가."

그 공연으로 백남준은 동양에서 온 문화 테러리스트라는 별명을 얻게 된다.

1962년도 〈플럭서스 국제 신음악 페스티벌〉에서 그는 또 한 번의 충격을 준다. 자신의 머리에 먹물을 흠뻑 적신 채 글자를 써 내려간 것이었다. 그는 이 공연을 통해 동양의 참선의 세계를 보여 주려고 했다고 한다. 머리를 도구처럼 사용한 그의 신선한 발상이었다.

개인전을 끝내고 그는 일본에 가던 중 쉬아 아베를 만난다. 쉬아 아베는 로봇 k-456을 만들었고 로봇 k456은 백남준의 공연에 등장해 사람들을 즐겁게 해주었다.

과학기술은 끝없이 발달했고 백남준은 인공위성을 통한 공연을 하기로 마음먹는다. 여러 번의 실패 끝에 그는 〈굿모닝 미스터 오웰〉이라는 공연을 성공시킨다. 그 공연 이후로 백남준은 세계에 알려지기 시작했다.

1988년 그는 〈다다익선〉이라는 작품과 〈손에 손잡고〉라는 작품을 세상에 선보였다.

백남준은 2000년을 맞이하여 약 77개의 방송을 통해 〈호랑이는 살아 있다〉라는 작품을 선보이기도 했다. 호랑이는 우리나라를 상징하는 동물로 잘 알려져 있다. 그는 호랑이를 통해 세계에 한국을 알린 것이다.

2006년 1월 29일, 그는 그의 예술작품들을 뒤로 하고 숨을 거두었다. 하지만 그는 예술세계를 개척했던 한 예술가로 역사에 기록되었다.

⚜⚜⚜⚜⚜⚜
생각해 봐요

I. 자신의 취미를 가지고 부모님과 싸운 적이 있나요?

_____

2. 자신이 좋아하는 것과 부모님이 정해주는 것 중에 어느 것을 선택해야 할까요?

_____

3. 백남준이 세계적인 예술가가 될 수 있었던 까닭은 무엇인가요?

_____

당신의 꿈을 응원한다.

백남준의 이야기를 읽으면서 우리나라에도 예술세계를 개척한 세계적인 예술가가 있다는 것이 자랑스러웠다. 하지만 그 역시 쉽게 예술가가 된 것은 아니었다. 그의 집안은 부유했으나 그가 나이를 먹고 나서는 몰락했고 그는 가난과 고독한 시간을 많이 보내야 했다. 하지만 그는 여러 스승들과 운명적인 선배 예술가들의 만남을 통해 한층 더 성장한 인물이 된다. 그는 서양에서 활동하면서도 우리나라와 동양적인 세계관을 잊지 않고 그것을 표현하려고 노력한다.

그의 혁신적이고 창의적인 예술행위는 관객과 평론가들에게 충격을 주었고 그는 세계무대에 무사히 데뷔하게 된다. 어떻게 보면 예술이란 것은 남들과 다르게 무언가를 하느냐가 문제인 것 같다. 남다른 무언가를 할 수 있다는 것 그것 자체가 실력이 되는 것이다. 서양 중심의 나라에서 동양적인 세계를 가지고 있다는 것은 차별받을 수도 있는 일이었지만 그만큼 독특하게 비춰져 더 인기를 끌었던 것 같다. 하지만 모든 예술이 인정받는 것은 아니다. 어떤 예술 작품들은 전혀 사람들의 인정을 받지 못하고 사라지곤 한다. 그에게도 그런 예술 작품들이 분명 많았을 것이다. 하지만 그는 사람들의 무관심과 냉담한 반응에도 굴하지 않고 자신만의 예술 세계를 개척해 세계적으로 인정받았다.

그가 대단한 것은 그가 주어진 세계에만 머무르지 않았다는 점이다. 그가 한정된 세계에 머물렀다면 피아니스트가 됐을지도 모른다. 하지만 다른 것에 대한 갈망이 그를 존 케이지와 같은 예술가로 이끌었고 세계에 새로운 예술을 선보인 비디오 아트의 창시자로 만든 것이다.

우리도 때론 자신이 가고 있는 길에 대한 불안과 걱정이 들 수 있다. 하지만 그럼에도 불구하고 자신을 믿고 한 걸음 나아간다면 남들과는 다른 나를 만들어 크게 성공할 수도 있을 것이다.

백남준의 전 생애는 그것을 말하고 있다.

대한민국 최고의
싱어송라이터로
아이유

〈아이유〉

❧

탈락이요… 네 알겠습니다.

탈락이요… 네 알겠습니다.

탈락이요… 네 알겠습니다.

……

아이유는 20번이 넘게 오디션에 탈락했다.

"글쎄요, 지은이가 가수가 된대요. 참나 지은이가 가수가 되면 가수

안 할 사람 없겠다."

친척들의 수군거림은 아이유를 힘들게 했다.

아이유는 화목한 가정에서 자랐지만 부모님의 빚보증으로 할머니와 지내야 했다.

아이유의 취미이자 특기는 노래였다. 그녀는 힘들 때마다 노래를 듣거나 부르면서 외로움을 이겨냈다. 또한 독서와 글쓰기를 열심히 했다고 한다. 독서와 글쓰기 습관은 나중에 그녀가 가사를 쓸 때 많은 도움이 된다.

아이유는 우연히 학교 학생들 앞에서 노래를 부르면서 자신의 재능에 눈을 뜬다.

"그래, 나는 여러 사람들에게 노래를 부를 때가 제일 좋아."

그 이후 아이유는 오디션을 보러 다니나 번번이 떨어진다.

가난했던 그녀를 키워줄 만한 기획사는 없었다. 오히려 기획사에게 사기를 당하며 큰 아픔을 겪기도 했다.

하지만 가족들의 격려로 힘을 낸 아이유는 다시 오디션에 도전해 마침내 굿 엔터테인먼트의 연습생으로 뽑히게 되었다.

2007년 로엔 엔터테인먼트로 간 아이유는 가수의 길에 한 발짝 다가서게 된다.

그 후 아이유의 삶은 잘 풀렸다. 연습생이 된 지 불과 1년 만에 첫 번째 미니 앨범 〈Lost and found〉가 발행된 것이다.

아이유의 첫 번째 앨범은 기대만큼 사람들의 사랑을 받지 못했다. 하지만 아이유는 좌절하지 않고 다음 앨범 준비에 나섰다.

2009년 4월 아이유는 정규 1집 〈growing up〉을 발표했다. 그리고 첫 번째 타이틀 곡 'Boo'로 KBS 뮤직 뱅크에서 컴백했다.

"이 노래 들어봐."

"제법인데?"

"음색이 좋은 것 같아!"

아이유의 노래는 인기를 끌었고 화제를 모았다.

"아직 아니야. 이 정도에서 멈출 수 없어."

"나 자신을 보여주는 거야."

아이유는 다시금 마음을 잡고 세 번째 미니앨범을 준비한다.

그녀의 곡 '좋은 날'은 1주 만에 2010년 가요계 정상에 올랐다. 하이라 이트였던 3단 고음은 엄청난 인기를 끌었다.

"오래도록 좋은 노래를 들려주고 싶어요."

그 이후 그녀는 연기와 노래 활동으로 바쁘게 날을 보내며 대학 진학을 포기하고 노래활동에 자신의 온 힘을 바친다.

2011년 11월 두 번째 정규앨범 〈Last fantasy〉를 발표하는데 '너랑 나'는 '잔소리'와 '좋은 날'에 이어 각종 음원차트 1위를 했다. 그녀는 일본에서도 활동하였고 세계적으로 음악이 알려져 전 세계에 팬들이 생겨 나기 시작했다.

그 후 그녀는 상을 휩쓸었고 작곡, 작사, 노래, 연기 등의 다양한 활동을 하면서 시간을 보냈다.

그녀는 선행과 기부로도 유명하다. 모교와 병원에 많은 돈을 기부하기도 했다.

아이유는 10년의 세월 동안 대한민국을 대표하는 싱어송라이터로 성장했다. 앞으로도 그녀의 음악활동을 기대해 본다.

⚜⚜⚜⚜⚜
생각해 봐요

1. 내게도 아이유 같은 꿈이 있나요?

_____

2. 자신을 지지하는 가족에게 고마움을 전한 적이 있나요?

_____

3. 꿈을 포기하지 않은 적이 있나요?

_____

당신의 꿈을 응원한다.

때로 사람들은 시련을 겪는다. 아이유는 최고로 성공하고 행복한 인생을 사는 것 같아 보이지만 그녀에게도 실패와 좌절의 시기는 있었다. 가족들과도 떨어져 지내고 친척들의 비꼬임에 시달렸을 때 그녀는 어떤 마음이었을까. 게다가 보는 오디션마다 계속 떨어졌을 때는 버림받고 홀로 남겨진 느낌을 받았을 것이다. 하지만 고통이 있는 만큼 기쁨도 있듯이 한번 뜬 그녀의 성장은 멈출 줄을 몰랐다. 우리는 가수들이나 연기자의 화려한 면만 바라보지 그 안에 담겨있는 힘든 점과 어려운 점을 보지는 못한다. 데뷔를 하지 못할 때의 괴로움도 괴로움이지만 성공 후 맞이할 부담감과 책임감은 경험하지 못한 사람이라면 전혀 알 수가 없는 고통이다.

아이유는 작은 체구의 여자이지만 마음만큼은 굳세다고 본다. 끝없는 에너지를 보여주며 다방면에서 활발하게 활동하고 있기 때문이다. 우리도 그녀의 모습을 본받아 자신의 일에서 좀 더 멋진 모습을 아름답게 보여주면 어떨까. 우리도 우리 분야에서 최고의 사람이 되는 꿈을 꾸어보자. 그 길은 역시 끊임없는 노력과 성장 그리고 자기 발전을 위한 자세가 갖추어졌을 때 가능할 것이다.

유행은 가도
스타일은 남는다
코코 샤넬

〈코코샤넬〉

✤

"이랴! 이랴! 아 신난다!"

"저것 좀 봐, 여자가 바지를 입었어!"

"저렇게 다리를 벌리고 앉다니 망측해라."

코코 샤넬은 승마를 배울 때 바지를 입고 나왔다. 그 당시 여성들은
치마를 입는 것이 보편적이었다. 바지를 입는다는 것은 남자만이 가능
하며 여성의 바지 착용은 옷을 벗고 다니는 것과 같은 평가를 받았다.

이런 코코 샤넬의 어린 시절은 어떠했을까?

패션의 여왕이라고 불리는 그녀지만 어린 시절은 행복하지 못했다. 샤넬은 1884년 8월 19일 프랑스의 작은 시골 자선병원에서 태어났다. 그녀의 어머니는 당시 스무 살로 약해질 대로 약해져 있는 상태였다. 힘겨운 일로 지쳤기 때문이었다. 하지만 그녀의 아버지는 장돌뱅이로 집안을 전혀 돌보지 않았다.

샤넬의 어머니는 질병에 시달리면서도 계속 일해야 했고 결국 서른세 살이라는 젊은 나이에 세상을 뜨게 된다.

그 이후 샤넬은 불쌍한 어머니처럼 살지 않기로 결심한다.

"불쌍한 우리 어머니."

"아버지란 존재는 대체 뭐야. 전혀 우리들을 돌보지 않잖아."

그녀는 아버지를 기다리다 돌아가신 어머니를 생각하며 누구보다도 독립적이고 자유로운 삶을 살기로 다짐한다.

"난 어머니처럼 살지 않을 거야."

아버지는 그녀를 수도원으로 보낸다. 하지만 수도원 생활과 그 이후 이어진 기숙사 생활은 그녀에게는 맞지 않았다.

"나는 독립해 내가 벌어서 살아가겠어."

그녀는 의상실에 취업했다. 거기서 열심히 일했고 그런 그녀의 실력에 많은 귀부인들이 그녀에게 옷을 맡겼다.

"난 옷 만드는 데 재능이 있는 것 같아."

그녀 역시 기뻐하며 일했다.

그러던 어느 날, 그녀는 가수가 되고 싶은 생각이 든다.

"옷 만드는 것도 좋지만 난 노래를 부르고 싶어."

그녀는 극장을 찾아갔다.

"여기서 노래를 부르고 싶어요."

"그래, 한번 불러보렴."

그녀의 노래에 반한 극단장은 그녀에게 노래를 부르게 했다. 그녀의 노래는 인기를 끌었고 그녀에게는 코코 샤넬이라는 별칭이 붙게 된다.

하지만 그 당시 노래를 부르는 것은 천한 사람들이 하는 것이었다. 귀족들을 상대하는 그녀가 노래를 부르는 것을 의상실 주인은 참을 수 없었다.

"넌 해고야!"

그녀는 그 이후 에띠엔느 발장을 만나고 그의 친구였던 아서 카펠을 만난다. 아서 카펠은 그녀의 첫사랑이었다.

카펠은 야심 많은 젊은이였다. 그는 샤넬을 경제적으로 그리고 정신적으로 지원해 주었고 여러 예술인 친구들과도 사귈 수 있도록 도와주었다.

그 이후 샤넬은 모자를 만들었다. 당시 여자들이 쓰고 다니는 모자는 크고 화려한 게 특징이었다. 하지만 샤넬이 만든 모자는 아주 단순한 디자인이었다.

"샤넬이 만든 모자는 편하고 디자인도 예뻐."

그녀의 모자는 인기를 끌었다. 그 이후 샤넬은 카펠의 도움으로 모자뿐 아니라 의상 전체를 취급하기 위해 의상점을 연다.

샤넬의 옷은 사람들에게 인기를 끌었고 그는 유명인사가 되었다.

샤넬은 어느 날 미시아를 만난다. 유명한 피아니스트인 미시아는 여러 유명한 예술가들을 소개해 주었다.

그중 피카소는 샤넬에게 다음과 같은 칭찬을 했다.

"그녀는 유럽에서 가장 뛰어난 예술감각을 가지고 있습니다."

하지만 그녀의 사랑이었던 카펠은 귀족 가문의 여성과 결혼하였고, 얼마 뒤에는 교통사고로 죽고 만다. 그리고 언니 쥘리아와 여동생 앙투아네트까지 세상을 떠난다.

"아, 내게 왜 이런 일이! 내가 사랑하는 사람들이 다 죽다니…."

그녀는 잠시 어둠속에 잠겼으나 이내 이를 털고 일어나 일에만 미친 듯이 몰두한다.

그렇게 해서 탄생한 그녀의 향수 샤넬 no.5가 세계를 강타하면서 그녀는 세계적으로 성공한 인물이 된다. 이후 그녀는 검은색은 여성 옷으로 알맞지 않다는 편견을 깨고 블랙 드레스를 완성했고 일흔 살의 나이에 다시 한번 패션쇼에 도전해서 또 한 번의 성공을 거둔다.

그녀는 말했다. "유행은 지나가도 스타일은 남는다."

⚜⚜⚜⚜⚜⚜
생각해 봐요

1. 코코 샤넬은 어린 시절을 어떻게 이겨냈나요?

_____

2. 나만이 가지고 있는 장점은 무엇인가요?

_____

3. 코코 샤넬처럼 새로운 생각을 한 적이 있나요?

당신의 꿈을 응원한다.

당시 여성들은 남성들을 위한 옷을 입고 있었다. 남성들의 마음에 들기 위해 불편함을 감수하고 화려하고 아름다운 옷을 입었다. 그중에는 좋은 몸매로 보이기 위한 코르셋도 있었다. 하지만 이런 여성들을 샤넬은 해방시켰다. 샤넬은 여성이 입기 편한 옷을 만듦과 동시에 그 안에 디자인적 우수성으로 아름다움까지 담았다. 예쁘고 입기 편한 옷을 만든 것이다. 그런 옷은 여성들로부터 큰 환영을 받았고 그녀는 유명인사가 되었다. 이런 샤넬의 성공은 어린 시절의 아픔에서 왔다. 아버지를 기다리다 돌아가신 어머니처럼 살지 않기 위해 여성들의 독립을 강조했고, 여성들을 위한 옷을 만들면서 여성들에게 큰 인기를 끈 것이다. 물론 샤넬은 성공을 하기 위해 여러 남성들의 도움을 받았다. 그들의 도움 없이는 크게 성공하지 못했을 것이다. 하지만 그녀의 독립적인 마음이 없었다면 아무리 주위에서 도와준다고 해도 성공하지 못했을 것이다. 오히려 그녀의 성공 가능성을 보고 카펠과 같은 사람들이 투자한 것으로 볼수 있다. 샤넬의 상품들은 하나같이 독특했다. 그녀의 향수 샤넬 no.5도 그 당시 쓰이지 않던 상품명과 향기, 그리고 네모난 유리병에 담는 듯 특별하게 차별화시켜 내놓았다.

21세기는 더 다변화된 사회가 되었다. 이런 사회에서 살아남으려면 나만의 스타일을 갖춘 무언가가 필요하다. 그래서 사람들의 투자를 받아낼 수 있는 무언가가 있을 때 당신도 성공의 문턱을 넘을 수 있을 것이다. 우리는 그 정신을 코코 샤넬로부터 배울 수 있다.

조선 최고의 왕
세종

〈세종〉

❧

"세자의 방에서 책을 다 치우거라."

"아니 되옵니다, 아버님."

"병에서 얼른 나아야지. 책을 보면 병이 도질 것이다."

"안 되는데…."

세자의 방에서 책은 다 치워졌다. 그런데 우연히 병풍에 한 권의 책이

끼어 있었다. 그것은 구소 구간이라고 송나라의 유명한 문장가 구양수

와 소식이 서로 주고받은 편지를 엮은 책이었다. 세자는 그 책을 수없이 반복해서 읽었다.

그 세자는 훗날 한글을 창제하고 과학기술 발달에 힘쓰고 4군6진을 개척하는 등 우리나라를 최강의 국가로 만든 세종대왕이 된다.

세종의 업적 중 가장 큰 것은 역시 한글을 만든 것이다. 물론 한글은 세종 혼자서 만든 것이 아니다. 세종을 리더로 해서 집현전의 많은 학자들이 연구하여 만들어 낸 것이다. 하지만 세종의 의지가 없었더라면 한글은 만들어지지 않았을 것이다. 학자들은 새로운 문자를 만들어 내는 것은 오랑캐들이나 하는 짓이라고 반대했기 때문이다. 하지만 세종의 백성사랑이 컸기에 백성들을 위한 쉬운 글자 한글을 만드는 일은 멈추지 않았다.

그리고 마침내 1443년 훈민정음이 반포되었다.

"드디어 완성인가. 이제 백성들도 자유롭게 글을 읽고 쓸 수 있겠지."

세종은 한글의 탄생에 기뻐했다.

세종은 말했다.

"나라의 말이 중국과 달라 문자로 서로 통하지 못하기 때문에 어리석은 백성이 말하고자 해도 끝내 그 뜻을 펴지 못하는 사람이 많다. 내가 이를 불쌍히 여겨 새로 스물여덟 글자를 만들었으니 사람마다 쉽게 익혀 일상생활에 편하게 쓰도록 하라."

사실 세종은 왕이 될 운명은 아니었다. 그는 이방원의 셋째 아들로 태어났다. 첫째인 양녕은 용감하고 활을 잘 쏘았다. 하지만 이내 잡기와 술에 빠져 지내자 아버지의 신임을 잃었다.

둘째 아들 효령은 절에 들어가서 불교를 발전시키는 데 공헌을 한다. 책을 열심히 읽고 학문을 열심히 익히는 충녕대군에게 태종의 마음이 갔다. 결국 셋째인 충녕이 왕으로 오르면서 세종대왕의 시대가 열렸던 것이다.

세종의 위대했던 것은 바로 그의 백성 사랑 때문이었다. 왕이 사냥을 하는 것이 백성들의 삶을 힘들게 한다는 사실을 알고 그 뒤로는 사냥을 잘 나가려 하지 않았다.

그는 또한 집현전의 학자들을 사랑했다. 하루는 신숙주가 책을 읽다가 잠든 것을 보고 자신의 옷을 벗어 그를 덮어 주었다.

신숙주는 그 사실을 나중에 알고 학문을 닦아 나라를 위해 힘쓰겠다고 다짐한다.

그리고 세종은 경연을 자주 열어 집현전 학자들과 토론하며 나라를 위해 바른 길을 찾고자 노력했다.

세종의 업적은 군사 분야에서도 나타난다. 대마도 정벌을 통해 왜구들을 소탕했을 뿐만 아니라 김종서 장군에게 명을 내려 북쪽의 여진족을 몰아내고 4군 6진을 개척하는 데 힘을 쏟았다.

"김종서가 없었다면 오랑캐를 몰아내지 못했을 것이다."

세종은 김종서의 공을 치하했다.

놀라운 점은 세종이 과학 분야에서도 큰 발전을 이룩했다는 것이다.

"하늘을 뜻을 알아 농사를 지은다면 태평성대를 이룰 수 있을 터인데…"

세종의 과학에 대한 관심은 백성에 대한 사랑으로부터 시작되었다.

세종은 천체 관측 기구인 간의와 혼천의 등을 만들게 되었다.

1441년에는 측우기를 만들었고 노비였던 장영실을 발탁하여 과학 기술 개발에 힘쓰게 했다.

장영실은 물시계인 자격루를 만들어 세종을 기쁘게 했다. 자격루에 이어 양부일구라는 해시계를 만들었다.

또한 세종은 음악 발전에도 힘썼다.

"중국 악기로 우리 음악을 표현하기는 힘드오. 새로운 우리만의 악기를 만듭시다."

그는 박연을 발탁해 새로운 악기를 만들게 했다.

한평생 백성을 사랑했던 세종은 1450년 쉰네 살의 나이로 승하했다. 하지만 세종의 백성 사랑과 업적들은 사라지지 않을 것이다.

✤✤✤✤✤✤
생각해 봐요

1. 세종의 위대한 점은 무엇인가요?

_____

2. 세종처럼 다방면에 관심을 가지려면 어떻게 해야 할까요?

_____

3. 세종이 없었다면 우리나라는 어떻게 되었을까요?

_____

세종대왕은 단연코 우리나라 역사에서 가장 위대한 왕이다. 세종은 어릴 때부터 학문공부와 책읽기에 힘썼으며 그의 다방면에 대한 관심과 공부는 왕이 되었을 때 업적을 남길 수 있는 기틀이 되어 주었다. 물론 세종대왕은 왕의 집안에서 태어났다는 엄청난 행운을 잡은 사람이다. 그가 왕의 집안이 아닌 노비의 집안에서 태어났다면 책을 볼 수도 없고 학문을 닦을 수도 없어서 그저 일만 하다 죽었을 것이다. 하지만 세종대왕은 단지 운이 좋은 사람은 아니었다. 그 역시 셋째로 태어났다는 것을 기억해 보자. 첫째인 양녕대군은 세자로 책정되어 있었다. 세종은 왕이 될 운명은 아니었던 것이다. 하지만 양녕이 방탕한 생활에 빠지게 되고 그 와중에 묵묵히 자신을 갈고 닦았던 세종에게 마음이 간 태종에 의해 왕이 된 것이다.

　세종은 운 좋게 그런 기회를 잡았던 것이다. 사람에게는 세 번의 기회가 온다고 한다. 어떤 사람에게는 더 많은 기회가 어떤 사람에게는 더 적은 기회가 올 수도 있다. 중요한 것은 기회가 있을 때 잡는 것이다. 그렇기 위해서는 미리 준비가 되어야 한다. 첫 번째 기회를 놓쳤더라도 다음 기회를 잡기 위해 노력하고 있을 때 다음 기회를 잡을 수 있다. 그럴 때 우리의 인생은 크게 발전한다.

　세종대왕이 아니었다면 지금의 글도 한글로 쓸 수 없다는 것을 생각하면 새삼 세종대왕께 감사한 마음이 든다. 자기 마음대로 할 수 있는 왕의 자리에 올라 백성에 대한 그토록 깊은 사랑을 보여 주었다는 점에서 세종은 앞으로도 우리나라 최고의 인물로 기억되지 않을까 싶다.

천재 화가
피카소

〈피카소〉

"나는 12살에 이미 라파엘로처럼 그렸다." 피카소의 말이다. 그는 미술 교사인 아버지 밑에서 자라 어릴 때부터 그림을 그리기 시작했다. 그의 재능이 얼마나 뛰어났는지 아버지는 아들의 그림을 보고 미술교사를 그만두었다. 미술 교사인 아버지조차 놀라게 한 그는 정말로 천재였던 것일까.

어릴 때부터 재능을 보인 피카소는 여러 미술학교에 들어가나 갈 때마다 문제를 일으키며 학교를 끝까지 다니지 못한다. 후에 그는 기존의 학교는 자신의 미술을 망칠 뿐이었다고 말한다. 그가 묵묵히 학교를 다녔더라면 그는 위대한 천재성을 발휘하지 못하고 평범한 미술가로 남았을 것이다. 그는 자신만의 작품실을 가지고 본격적으로 자신만의 그림을 그리기 시작한다.

피카소는 1900년 화가 친구 카사헤마스와 함께 청운의 꿈을 가지고 파리로 건너간다. 하지만 그는 파리의 우울한 일상에 빠져 어두운 그림들을 그린다. 이를 피카소 예술의 청색시대라고 한다. 청색을 주로 사용해 그림을 그렸기 때문이다. 지금은 그의 옛 작품들이 인기지만 그때만해도 청색으로 그린 그의 그림들은 별로 인기가 없었다. 이 와중에 그의 친구는 애정 문제로 자살을 하고, 그의 여자 친구와 몰래 만남을 가졌던 그는 죄책감을 느껴 그의 작품들은 더 어두워진다.

하지만 그는 새로운 여자들과의 만남을 통해 자신의 예술세계를 꽃피운다. 이를 장밋빛 시대라고 부른다. 그의 작품들의 색상이 밝아지고 화려해진 것이 특징이다. 그는 수없이 회화를 비롯한 판화 조각 등을 만들어냈다. 그는 말한다. 예술에는 끝이 없다. 한 작품이 끝나면 다른 작품을 만들어야 한다.

그의 예술세계는 또 한 번의 전기를 맞게 되는데 그게 바로 입체주의의 탄생이다. 그는 아프리카의 작품들에 영향을 받아 입체주의를 구상하게 된다. 입체주의 속 유명한 작품으로 바로 '아비뇽의 처녀들'이 있다. 이 작품은 시점이 다른 여러 개의 조각들이 모여 있는 듯한 모습을 보였는데 그를 아는 사람이나 모르는 사람이나 할 것 없이 모두 혹평을 늘

어놓았다.

"저게 그림인가. 정말 괴상하군."

사람들의 반응은 대개 이러했다.

하지만 천재들은 시대를 앞서가는 법. 그의 작품은 나중에야 인정받게 된다. 그는 한 번도 자신의 작품에 머무른 적이 없고 항상 미래를 향해 나아갔다. 그게 바로 피카소가 천재 대접을 받는 이유일 것이다.

그 이후 그는 '게르니카'라는 작품을 완성한다. 스페인 내전의 참상을 그린 작품이었다. 그는 이 작품으로 일약 유명해진다. 그는 한국에도 관심을 가졌다. 가장 대표적으로 알려진 작품이 '한국에서의 학살'이라는 작품이다. 피카소는 한국에 온 적은 없지만 보도를 통해 이 사실을 접했다고 한다.

그는 그 와중에도 화려한 여성 편력을 자랑했는데, 여러 여자들과 염문을 뿌리고 결혼과 이혼을 반복했다. 그런 여성 편력은 그의 창조성을 지피는 연료가 되지 않았나 하는 게 사람들의 평가이다.

여든 살이 된 피카소는 말했다.

"회화는 나보다 훨씬 강하다. 나는 회화가 원하는 것을 할 뿐이다."

한마디로 신이 나를 이끄는 것처럼 그림이 자신을 이끄는 것이지 자신이 그림을 그리는 것은 아니라는 뜻이었다.

그는 또 새로운 여인을 만나며 예술세계의 도약을 꿈꿨다. 말년에도 도자기, 소묘, 회화 등의 작품에서 손을 놓지 않고 부지런히 일했다.

그는 말년에 어린아이처럼 그림을 그렸다. 그는 말한다. "어린 아이처럼 그림을 그리는 데 30년이 걸렸다."

그의 어린아이와 같은 그림은 당시에는 인정받지 못했지만 후대에는 표현주의의 시초로 불리게 되었다.

그는 92세의 나이로 세상을 떠났지만 그의 천재성과 예술에 대한 열정은 후세에도 여전히 남을 것이다.

✤✤✤✤✤ 생각해 봐요

1. 피카소가 미술학교를 다니지 않았던 이유는 무엇인가요?

_____

2. 피카소처럼 그림을 잘 그리려면 어떻게 해야 할까요?

_____

3. 피카소는 평생 수만 점의 그림을 그렸습니다. 그의 성공은 재능 때문인가요? 노력의 결실인가요?

_____

당신의 꿈을 응원한다.

피카소처럼 천재의 대명사인 사람은 흔치 않다. 피카소는 천재였을 뿐만 아니라 성공의 대명사이기도 했다. 그처럼 성공한 예술가도 없다. 하지만 그가 천재성에 기대 쉽게 성공한 사람은 아니다. 그 역시 좌절의 시기가 있었으며, 성공을 위해 수만 점의 그림을 그렸다. 이는 매일 한 장 이상의 작품을 만들어 냈다는 것이다. 양에서 질이 나온다는 말이 있다. 그는 수없이 많은 작품을 만들었기에 그중에 유명한 작품도 나왔던 것이다.

예술의 대명사라고 불리는 그지만 그에게도 어두운 시절은 있었다. 청색 시대라고 불리는 그가 우울과 어둠 속에 있었던 시절이다. 그 시절 그는 청색으로만 그림을 그리며 자신의 어둠과 싸우고 있었다.

피카소가 대단한 점은 당대의 화풍에 따르지 않고 새로운 것을 끊임없이 추구했던 것이다. 그의 천재성을 사람들이 이해하지 못해 괴로웠으나 미래를 향한 발걸음을 멈추지 않았다. 사람들은 뒤늦게 그의 작품을 이해하고 그의 천재성에 감탄하였다.

나에게도 피카소와 같은 재능을 가지고 있는 분야가 있는가. 자신의 분야에서 남보다 조금 앞선 생각을 해보자. 현실에 나를 맞추지 말고 미래를 향해 한걸음 내딛어 보자. 그래서 시대 앞을 걷게 된다면 당신에게도 피카소의 천재성이 숨겨져 있다는 사실을 알게 될 것이다. 나는 누구에게나 특정분야에서의 천재성이 있다고 믿는다. 당신 역시 그럴 것이다.

칸 영화제의
주인공
봉준호

〈봉준호〉

"올해의 칸 영화제 황금종려상의 주인공은 봉준호 감독의 〈기생충〉입니다."

황금종려상이란 칸 영화제의 대상에 해당하는 상으로, 영화제의 본선 경쟁 부문 초청작 가운데 최고 작품에 주어진다. 우리나라는 2019년 5월 열린 제72회 칸 영화제에서 봉준호 감독이 〈기생충〉으로 황금종려상을 수상했다.

봉준호는 1969년 9월 14일 대구에서 2남 2녀 중 막내로 태어났다. 그의 아버지는 미술대학교수였고 어머니는 교사였다.

어린 봉준호는 그림 그리기를 좋아했다.

봉준호는 어릴 때 본 영화에 반해 영화감독을 하기로 마음먹는다.

"난 커서 영화감독이 될 거야."

그는 학업성적도 우수했고 연세대 사회학과에 들어가게 된다. 하지만 그의 머릿속은 어떻게 영화감독이 될지에 대한 고민으로 가득했다.

하지만 그가 영화감독이 되는 과정은 쉽지 않았다. 혼자 영화를 보고 공부하나 한계를 느끼고 영화 동아리에 들어간다. 영화 동아리에서 열심히 활동하여 〈백색인〉이라는 단편을 찍었으나 영화 제작에 있어 난관에 부딪힌다. 결국 그는 〈한국 영화 아카데미〉에 입학한다. 아카데미를 졸업하고 감독으로 데뷔하는 데 5년여의 세월이 걸린다. 그 와중에 두 번째 단편 영화 〈프레임 속의 기억〉과 세 번째 단편 영화 〈지리멸렬〉을 찍었다. 〈지리멸렬〉은 호평을 받고 밴쿠버 국제영화제와 홍콩 국제 영화제에 초청을 받는다. 하지만 그 과정 동안 그는 몸도 힘들었고 경제적으로도 힘들었다. 마침내 한 투자자의 제안을 받아 2000년 첫 장편 영화 〈플란다스의 개〉를 발표한다.

"드디어 내 장편 영화가 개봉된다. 그동안 영화를 찍느라 힘들었지. 하지만 행복했어. 그런데 관객의 반응은 어떨까."

하지만 그의 기대와는 달리 관객의 반응은 미미했다. 겨우 5만 명을 넘어 흥행에는 완전히 실패한 것이다.

"내 영화는 고작 그 정도였단 말인가. 나에겐 재능이 없는 걸까?"

그는 크게 좌절하여 영화감독으로서의 재능을 스스로 의심한다.

하지만 투자대표는 그를 격려하며 다시금 영화를 찍게 할 기회를 준다. 그렇게 해서 탄생한 영화가 〈살인의 추억〉이다.

〈살인의 추억〉은 관객과 비평가들의 호평을 받으며 영화계를 뒤흔들었다. 〈살인의 추억〉 관객수는 500만 명을 돌파하며 그해 흥행 1위를 기록하였다.

그는 차기작으로 괴수 SF영화를 구상한다. 투자자들은 투자를 꺼렸으나 그의 재능을 믿은 몇 명의 투자들 덕분에 그는 영화를 만들 수 있었다.

그렇게 찍은 〈괴물〉은 관객수 1000만 명을 돌파하며 그를 일약 스타 감독으로 만들었다. 〈살인의 추억〉에 이어 〈괴물〉로 이연타석 홈런을 친 것이다.

그는 다음 작으로 〈마더〉라는 영화를 찍었다. 마더는 살인 사건의 범인으로 지목된 아들의 누명을 벗기기 위한 어머니의 이야기를 담은 영화이다.

이 영화로 그는 호평을 얻으며 여러 상을 받았고, 관객수도 300만을 돌파하며 흥행에 성공했다.

그의 새 영화는 〈설국 열차〉였다. 그는 설국 열차의 성공으로 일약 세계적인 감독으로 도약했다.

이후 〈옥자〉라는 영화를 통해 다시금 세계에 이름을 알린다.

그리고 〈기생충〉으로 칸 영화제 황금종려상의 주인공이 된다. 그는 상을 받은 후 인터뷰에서 다음과 같이 말한다.

"감사하다. 칸은 벌써 다 잊었다. 하하. 과거가 됐다. 돌아오는 비행기에서 시나리오를 썼다. 되도록 빨리 잊으려고 하고, 잊혔으면 좋겠다. 꼬리표가 되면 안 좋을 것 같다. 창작자의 발전에 지장을 줄 것 같다. 그래서 빨리 잊으려고 하고 있다."

상을 받고 승리감에 취해있을 법도 한데 그 사실을 잊고 다음 영화를 준비한다는 그. 그렇기에 봉준호의 앞으로의 미래도 밝을 것이라는 생각이 든다.

❧❧❧❧❧❧
생각해 봐요

1. 봉준호에게 배울 점은 무엇인가요?

_____

2. 봉준호가 감독을 포기하지 않았던 이유는 무엇인가요?

_____

3. 봉준호처럼 어릴 때부터 이루고자 하는 꿈이 있나요?

_____

당신의 꿈을 응원한다.

영화는 예술의 영역이다. 사실 우리나라는 예술적인 영역에서 세계적으로 높이 평가를 받지 못했던 나라였다. 1960년대까지는 가난했었고 어느 정도 부가 축적된 상태에야 발달하는 예술 영역까지는 신경 쓰지 못하는 까닭이었다. 따라서 예술 영역이라는 영화에서 세계 최고의 자리에 올랐다는 것은 우리나라의 경제적 발전과 위상을 보여주기에 더 값지다고 생각한다. 물론 그 중심에는 봉준호 감독이 있다. 봉준호 감독은 어렸을 때부터 영화감독을 꿈꿨으나 그 길이 쉽지는 않았다. 영화는 힘든 분야라고 한다. 투자 받기도 힘들고 영화 한 편 찍기도 힘든 게 현실이다. 그런 와중에 봉준호 감독은 묵묵히 영화에 대해 차근차근 배워나가면서 영화를 찍는다. 하지만 그의 첫 장편 영화 〈플란다스의 개〉는 흥행에 참패하고 그는 좌절에 빠진다.

하지만 누구에게나 좌절은 있는 법이다. 그는 그 좌절을 이겨내고 새로운 영화를 찍어서 관객과 평단의 인정을 받는다. 한마디로 그는 이 책을 관통하는 주제인 다시 시작하는 용기를 보여준 것이다. 실패했으나 실패에 좌절하지 않고 다시 한번 도전한 그의 의지가 성공을 불러일으킨 것이다. 우리는 누구나 실패를 한다. 한 번의 실패로 좌절해 물러선다면 세상에 성공할 사람은 없다. 여러 번 실패한다고 하더라도 포기하지 않고 다시 도전할 때 성공은 당신과 함께일 것이다.

수단의 슈바이처 *이태석*

〈이태석〉

❧

"어머니, 저는 신부가 되겠습니다." 의대를 졸업하고 그가 내린 선택이다. 의사로서의 창창한 앞날을 두고 신부의 길을 다시 걸어야 했을 그 역시 힘들었겠지만 아들을 키우며 잘되기를 바랐던 어머니로서도 충격적인 일이었을 것이다.

"그래, 니 뜻대로 해라." 어머니는 짧게 대답했다.

'어머니께 너무 죄송하다. 하지만 내가 해야 할 일 그리고 하고 싶은 일

은 아프리카에서 봉사하는 일이야. 난 신부가 되어 슈바이처 박사처럼 사람들을 돕는 일을 할 거야.'

그는 신부로서의 교육을 마치고 수단의 톤즈로 향했다. 그곳은 가난과 질병으로 물들어 있는 지역이었다. 병원도 학교도 없었다. 단지 사람들과 절망만이 가득할 뿐이었다. 그는 그곳에 희망의 씨앗을 심기로 한다.

"자, 발을 여기 종이 위에 대세요." 그리고 그는 발 모양에 맞추어 종이에 틀을 그리기 시작했다. 발가락이 떨어져 나간 한센병 환자들을 위한 맞춤형 신발을 제작하기 위해서였다. 맨발의 그들은 발을 종종 다치기 일쑤였는데 더 이상 발에 상처가 생기지 않아도 되는 것이었다.

그는 의료 봉사를 하려 했으나 처음에는 시설도 없어서 움막 같은 곳에서 하루 종일 환자를 돌보았다. 그가 환자를 돌본다는 소식이 퍼지면서 100km가 넘는 지역에서까지 찾아오는 환자가 있을 정도였다.

"아, 정말 힘들구나. 아프리카에서의 봉사는 쉬운 일이 아니었어. 하지만 내가 힘을 내야 사람들을 치유할 수 있어."

그는 스스로 머리를 깎고 면도를 하며 자신을 가다듬었다. 환자들을 위해서라도 자신의 몸을 아껴야 했다.

이태석 신부는 그 와중에 봉사하는 정신을 잃지 않았다. 그리고 톤즈에 병원을 직접 지었고, 또 학교를 짓기도 했다.

"다 같이 학교와 병원을 지읍시다. 아이들이 공부할 수 있는 곳을 만들고 사람들이 치료받을 수 있는 병원을 지읍시다."

"아무것도 배우지 못하고 그냥 살다가 죽는 아이들이 불쌍하구나. 내가 학교를 세우면 아이들이 배울 수 있을 거야."

이태석 신부는 톤즈 주민들과 함께 학교를 세우고 교사를 초청하고 본인도 직접 교사가 되어 아이들을 가르쳤다.

빰빰빰 빰빰

음악대의 음악소리가 들려왔다. 톤즈에 하나뿐인 음악대는 이태석 신부가 만든 것이다. 이태석 신부는 음악 악보를 가져와 음악을 가르치고 지휘했다. 그는 어릴 때부터 남다른 음악재능을 가지고 있었다고 한다. 그의 성적표에는 음악적 재능이 우수한 학생이라는 선생님의 글이 남아 있다. 그래서일까. 그는 음악을 톤즈 아이들에게 심어주기로 했다. 이태석 신부는 말한다.

"장기간의 전쟁으로 건물뿐 아니라 아이들의 마음도 상처받고 부서져 있었다. 음악을 가르치면 상처받는 아이들에게 기쁨과 희망을 심어 줄 수 있을 것 같았다."

이는 음악으로 자신의 아픔을 달래던 어린 시절의 경험에서 온 것이다.

"가난하고 병든 사람들을 위해서 봉사하니 좋구나. 그런데 집이 그립군. 한국에 잠시 다녀와야겠다."

그는 아이들에게 학생증을 만들어 주고 한국으로 떠났다.

그리고 우연히 건강 검진을 받게 되었다. 건강 검진의 결과는 충격적인 말기 대장암 판정. 그는 자신의 삶에 대한 미련보다도 톤즈의 사람들을 위해 일할 수 없다는 사실에 깊이 절망했다.

"난 톤즈 사람들을 돌보아야 하는데. 내 인생은 얼마 남지 않았고 어떡하지. 톤즈 사람들을 위해서라도 병을 이겨내자."

의사로서 다른 사람들을 치료하면서도 자신의 몸을 챙기지 못했던 것은 뼈저린 실수였다. 그는 항암치료를 받으면서도 삶을 이어가기 위해 노력한다. 하지만 그 역시 질병을 이길 수 없었고 48살이라는 나이로 짧은 인생을 마감하게 된다.

"이태석 신부님이 보고 싶어요."

아이들은 이태석 신부가 가는 마지막 순간을 영상으로 보면서 이렇게 말했다. 의사였지만 세속의 부와 명예를 추구하지 않고 톤즈 사람들을 위해 희생과 봉사의 길을 간 그는 여러 사람의 가슴속에서 꽃으로 피어날 것이다.

⚜⚜⚜⚜⚜
생각해 봐요

1. 이태석 신부처럼 진로에 대해 고민한 적이 있나요?

_____

2. 진로를 선택할 때 부모님과 내 의견 중 어느 것을 선택해야 할까요?

_____

3. 이태석 신부의 죽음을 기리는 사람이 많은 것은 왜인가요?

_____

당신의 꿈을 응원한다.

세상에는 자신의 이익과 욕망만을 충족시키기 위해 살아가는 사람들이 많다. 그게 잘못되었다고 말할 수는 없으나 인간으로서 산다는 것은 조금은 다른 문제라고 생각한다. 남을 돕는다는 것은 그 자체로 훌륭한 일일 뿐만 아니라 본인 자신에게 도움이 된다. 그러므로 봉사란 손해 보는 일이 아니라 오히려 자신을 살리고 자신에게 이득이 되는 일인 것이다. 이 사실을 안다면 봉사에 가진 부정적인 생각을 떨쳐 낼 수 있을 것이다.

이태석 신부는 어릴 때 본 신부님과 수녀님의 헌신적인 삶, 슈바이처의 삶, 어머니의 삶을 통해 자신의 갈 길을 정했다고 한다. 우리 주위를 둘러보면 자신에게 영향을 미치는 훌륭한 삶을 살아가고 있는 사람이 많이 있다. 그들로부터 배우고 자신을 키워나가기 위해 노력하자.

6부

도전

가난한 농사꾼에서
재벌로
정주영

⟨정주영⟩

"판문점을 향해 소 500마리가 걸어가고 있는 장면입니다. 정말 장관
이 아닐 수 없습니다. 정주영 회장님이 곧 북측을 방문하겠습니다."

1998년 6월 16일 정주영은 소떼를 몰고 북측을 방문했다. 정권이 바
뀌면서 생긴 평화적인 분위기의 일환으로 소를 북측에 제공하는 역할을
그가 맡은 것이다. 몇 년 전 그가 이 생각을 말했을 때 아무도 그의 말
에 귀 기울이지 않고 단지 헛소리라고 여겼다. 하지만 정주영 회장은 실

천에 옮겼고 이는 한국뿐 아니라 세계 여러 언론에서도 주목했던 사건이었다.

대재벌의 회장으로 자신의 사업적 아이디어를 마음대로 실현할 수 있는 존재가 된 그. 하지만 그의 어린 시절은 대재벌이라는 말과 어울리지 않게 너무나도 비참하고 가난했다.

"풀 베러 가자!"

아버지의 호통 소리에 그는 잠에서 깨었다. 어머니가 밥 먹으라며 성화였지만 그는 밥도 먹기가 싫었다.

"언제까지 이런 농사일을 해야 할까."

그는 투덜대며 논과 밭으로 향했다. 아침부터 일찍 일어나 해질녘까지 하루 종일 일했지만 농사일로는 부자가 될 수 없었다. 조금만 가물거나 비가 많이 와도 흉년이 되어 버렸고 3년 중에 2년을 흉년으로 보내니 당장 먹고살 것이 없어 도토리나 나물을 뜯어 먹고 살아야 할 지경이었다.

그는 결국 집을 떠날 생각을 하고 네 번의 가출을 하게 된다. 가출을 해서 부기 공부를 하기도 하나 아버지에게 다시 끌려오게 되었다. 다시 소 판 돈 60원을 가지고 인천으로 도망가 해안가에서 막일을 하기 시작했다. 다행히 한 쌀가게에 취직되어 성공의 기틀을 마련하게 된다.

성실히 일하는 정주영을 좋게 본 사장님은 그에게 쌀가게를 운영할 것을 제안했고 그는 일약 부두 노동자에서 쌀가게 주인으로 거듭나게 되었다.

그는 이때의 경험을 잊지 않는다. 그리고 확신했다.

"무슨 일이든 죽기 살기로 열심히 일하면 인정받고 성공할 수 있다."

그의 성공마인드가 머릿속으로 새겨지는 순간이었다.

하지만 그 이후 일제에 의해 쌀가게 운영이 어려워지자 자동차 수리 공장을 세운다. 여기서 그는 신용의 중요성을 배운다. 그의 신용이 두터워 돈을 많이 빌릴 수 있었고, 공장이 타 버렸을 때도 다시금 돈을 빌려서 결국은 정비공장을 성공시켰다.

어느 날 정주영은 관청에 갔는데, 건설업자가 큰돈을 받는 것을 보고 놀라고 말았다.

"저렇게 큰돈을 벌다니? 그래, 자동차 정비업으로는 푼돈밖에 못 벌어. 건설업을 해야겠어!"

그는 다짐하고 바로 건설 회사를 차렸다. 일단 생각하면 바로 시작하는 것, 그것이 정주영의 철학이자 추진력 있는 행동이었다.

한번은 미군에게 묘지를 잔디로 단장해 달라는 부탁을 받았다. 하지만 그때는 겨울이어서 잔디를 구할 수 있는 곳은 아무 데도 없었다. 여기서 정주영은 기막힌 아이디어를 떠올린다. 그것은 보리를 캐서 묘지를 단장하는 것이었다.

"그래, 보리를 이용하는 거야! 묘지를 파랗게만 만들면 되지 않겠어?"

미군들은 브라보를 외치며 그런 정주영에게 감탄했다.

건설업은 국내에서 경쟁이 심해졌고 결국 정주영은 해외에 눈 돌리게 된다. 그의 해외 건설사업은 처음에는 큰 손해를 입었으나 차츰 노하우를 터득해 가면서 엄청난 외화를 벌어들이게 되었다. 그 이후 그는 경부고속도로의 건설을 맡는다. 여기서도 그는 호랑이 같은 무서운 모습으로 불굴의 정신을 가지고 추진해 기한보다 한참 일찍 고속도로를 완공한다.

그의 다음 도전은 배를 만드는 거였다. 다들 미쳤다고 했지만 그는 말했다. "해보기나 했어?" 그는 이리 뛰고 저리 뛰고 하면서 결국 투자를 받아 낸다. 당시 영국 은행장에게 주머니에 있는 돈의 거북선을 가리키며 역사적으로 배를 만들었던 나라라는 것을 강조했다는 일화가 있다.

이후 그는 서울올림픽 유치에 힘썼다. 아무도 한국이 서울 올림픽을 개최하게 될 거라고 생각하지 않았지만 정주영은 오로지 된다는 생각으로 밀어붙였고 결국은 서울에서 역사적인 88 올림픽이 개최되었다.

그는 통일을 보지 못하고 2001년 3월 21일 86세의 나이로 세상을 떠났다.

그는 말한다.

"산의 정상만 바라보기에는 힘이 든다. 한 걸음 한 걸음 내딛는 과정이 더 중요할 뿐만 아니라 더 높은 곳에 오르는 비결이다."

❧❧❧❧❧❧
생각해 봐요

1. 정주영의 성공 비결은 무엇인가요?

_____

2. 정주영처럼 일에 미쳐 본 적 있나요?

_____

당신의 꿈을 응원한다.

정주영은 우리나라에서 손꼽히는 재벌 중의 한 명이다. 하지만 그는 어린 시절에는 농사꾼이었고 젊었을 때는 인천에서 일했던 부두 노동자에 불과했다. 도대체 그에게 어떤 일이 일어났던 걸까. 어떻게 무일푼의 가난한 청년이 수천억 이상을 가진 한국을 대표하는 재벌이 될 수 있었을까. 많은 사람들이 이를 궁금해했고 지금까지 많은 책이 쏟아져 나온 상태다.

정주영의 삶은 마르지 않는 샘물 같다. 몇 번을 듣고 들어도 질리지 않고 신기하기만 하다. 그리고 우리에게 '혹시 나도 그런 삶을 살 수 있지 않을까' 하는 희망과 용기, 자신감을 심어 준다.

물론 정주영은 당시 고도 성장기였던 우리나라의 환경의 운을 타고난 사람이기는 하다. 하지만 수많은 사람들이 같은 시대를 겪었음에도 그만이 우뚝 선 것은 그만큼 그의 노력이나 역량이 뛰어났다는 것을 의미한다. 그는 어렸을 때 힘들게 농사를 지었지만 농사일을 한 게 쓸모없는 일은 아니었다. 고된 농사일에 단련이 되었기에 쌀가게에서 최선을 다해 일할 수 있었고 그게 기회가 되어 한 단계 한 단계씩 성장해 갈 수 있었기 때문이다.

남들은 우울할 때 무엇을 하는지 모르지만 나는 정주영의 일대기를 읽는다. 빈대에 시달리며 일했던 그가 대재벌이 된 것처럼 나 역시 미래를 향한 꿈을 꿀 수 있기 때문이다. 우리 모두들 그렇다고 믿는다.

〈이병철〉

✤

"아싸 땄다!

아, 또 잃었군.

아싸! 이번엔 내가 다 땄어!"

어둠은 깊어지고 밤이 되었지만 이병철은 도박에만 열을 올리고 있었다. 유학 생활에 실패해서였을까. 그는 피곤하고 모든 것에 지쳐 있었다. 하지만 집으로 돌아와 잠자고 있는 아이들과 아내를 보니 다시금 자신을 반성하게 되었다.

"이거 완전 폐인이 되겠군. 이런 삶을 계속할 순 없어. 그래, 미래를 바라보자. 다시 사업을 시작해 보자."

이병철은 다음 날 아버지에게 말했다.

"사업을 해볼까 합니다."

"무슨 사업을 하려고?"

"아직 계획은 없습니다. 다만 시작하고 싶습니다."

폐인같이 지내던 아들의 말에 아버지는 선뜻 쌀 3백 석 정도를 수확하는 땅을 주었다.

"별로 안 되나 이것으로 작게라도 시작해 보거라."

"감사합니다. 아버지."

이병철은 첫 사업으로 고민하다 정미소 사업을 동업으로 하게 된다.

하지만 사업은 쉽지 않았고 1년 만에 투자금의 3분의 1을 잃는다.

이후 그는 자신을 반성해 가면서 연구했고 우여곡절 끝에 정미소 사업을 성공시키고 운수업까지 손을 대 성공시키게 되었다.

1938년 3월 1일, 이병철은 대구에 가게를 사서 '삼성 상회'라는 간판을 내걸고 사업을 시작하였다. 이 삼성 상회라는 가게가 지금 세계 1위 기업인 삼성의 전신으로, 삼성의 '삼'은 큰 것을 뜻하고, '성'은 별처럼 영원히 빛나기를 바라는 뜻에서 지어진 이름이다.

삼성 상회는 날로 번창했고 양조업까지 손을 뻗어 성공했다. 하지만 이병철은 만족하지 않았다. 호의호식할 수 있었으나 그것은 아버지 밑에 있을 때도 가능했던 일이다. 그는 국가와 민족을 위해 헌신하고 싶었다.

일제에 나라를 빼앗긴 일을 직접 겪었기에 부강한 나라를 만들고 싶었다. 그 방법으로 사업을 선택했다.

6.25 전쟁이 끝나고 그는 새로운 사업을 구상한다. 바로 설탕을 만드는 일이었다. 그 당시 설탕은 외국에서 수입하고 있는 실정이었기에, 우리나라 고유의 설탕이 있다면 국민들에게 큰 도움이 될 것이라고 생각했다.

기계를 일본에서 구입해서 가동시켰다. 하지만 설탕이 아닌 끈적거리는 액체가 나올 뿐이었다. 이병철은 절망했다.

"비싸게 구입한 기계인데 왜 설탕이 나오지 않을까. 기계 설치를 잘못한 것일까. 그렇다면 기계에 들어간 비용은 어떡하지…."

그때 기계를 들여다본 한 노동자가 말했다.

"뭔 원료를 저렇게 많이 넣습니까."

이 말에 이병철은 원료를 조금씩 넣어보았고 기대했던 설탕이 쏟아지기 시작했다.

한국산 설탕은 질도 우수하고 값도 저렴해 국민들의 삶에 많은 보탬이 되었다.

그 이후 그는 제일 모직, 비료 공장, 방송 사업을 성공시키면서 삼성을 우리나라 최고의 기업으로 거듭나게 하고 중앙일보를 창간하는 등 사회 다방면에서 활동한다.

삼성은 전자 산업과 반도체에 뛰어들고 이는 일약 삼성을 세계적인 기업으로 올려놓았다.

오늘날 삼성의 반도체는 반도체 부분 세계 1위를 하는 기업으로 성장하였다.

그는 사회적 봉사와 환원에도 활발히 임했다. 인재를 키우는 삼성 문화재단을 설치하였고, 호암 미술관을 지어서 우리나라 문화재 보호에도 힘썼다.

그는 위암진단을 받으나 수술을 잘 받고 생명을 연장한다. 하지만 1987년 11월 19일 78세의 나이로 눈을 감는다.

그는 사라졌지만 그의 기업 삼성은 앞으로도 영원할 것이다.

✥✥✥✥✥
생각해 봐요

1. 세계 1위라는 것은 무엇을 의미하나요?

_____

2. 치열한 기업세계에서 이기려면 어떻게 해야 할까요?

_____

3. 내 분야에서 최고가 되려면 어떻게 해야 할까요?

_____

당신의 꿈을 응원한다.

기업의 세계는 치열하다. 그 치열함은 흡사 스포츠 경기를 보는 것 같다. 스포츠 경기에는 꼴찌도 존재하나 기업의 세계에서는 통하지 않는다. 1등만이 살아남고 번성할 뿐 팔리지 않는 기업은 그대로 망하고 만다. 이런 기업 세계에서 일한다는 것은 총칼 없이 전쟁하는 것과 마찬가지이다. 이병철 회장은 생전 사람만이 가장 큰 재산이라고 말했다. 기업이라는 것은 사람으로 이루어지고 사람들이 일을 하기에 사람만이 가장 중요한 것이라고 여겼던 것이다. 그는 실제로 사람을 키우기 위해 애썼던 인물이다. 그는 어렸을 때부터 논어를 즐겨 읽었고 그 논어의 영향으로 독특한 경영 철학을 갖게 되었다. 바로 사람 제일의 철학이다. 지금의 삼성이 잘나가게 된 것은 그만큼 한국의 엘리트라고 불리는 좋은 인재들을 흡수해 받아들였기 때문이 아닐까 짐작해 본다.

어릴 때는 잘 몰랐지만 나이가 들수록 기업가들의 삶이 존경스러워진다. 끝없는 도전과 새로운 것에 대한 열정으로 밀려오는 파도를 잘 넘어야 하는 그들의 삶이 대단해 보인다. 작은 것에 만족해 안주해 버리는 삶을 살고 있지 않은지 반성하게 된다.

이병철 회장이 반도체에 도전한 것도 하나의 미스터리한 일이다. 성공 가능성도 보이지 않는 일에 큰 투자를 해 최고의 자리에 오른 것은 그야말로 그의 타고난 직감과 감각의 뛰어남을 보여주는 것이라고 할 수 있다. 바람이 심할수록 내 가슴은 뛴다는 말이 있다. 이병철의 삶도 절반은 두려움과 고통이었다. 이 사실을 알아 그의 재력을 부러워만 하지 라. 그리고 당신 스스로의 신화를 쓰기를 바라겠다.

미래를 내다보는
예측가
최종현

〈최종현〉

❧

최종현은 어느 날 친구와 술을 한잔했다. 여러 담소가 이어지면서 그들은 허심탄회하게 자신의 이야기를 나누게 되었다.

"자네가 기업을 운영하니까 말이야, 궁금한 게 있는데, 기업은 아무래도 최고가 되어야 하지 않겠나?"

"일등만 인정받는 게 기업의 세계야. 그래서 기업은 무조건 일등을 하기 위해 노력해야 해. 그런데 말이야. 아무리 노력을 해도 일등을 하지 못하는 경우도 생겨. 사실 일등을 하기 위해서는 운도 따라야 하는데 그게 쉽지 않잖아. 하지만 최선을 다했을 때에는 일등을 못해도 후회는 없는 거야. 왜냐하면 이미 마음속에서는 일등이나 마찬가지거든.”

일등을 하기 위해 죽기 살기로 노력하고 최선을 다하는 것. 그것이 바로 최종현의 삶의 태도였다.

우리나라 최초로 폴리에스테르 필름을 만들고, 비디오테이프 기술, CDMA기술을 개발한 그이지만 그 과정은 결코 쉽지 않았다. 이제부터 그가 도전해 온 길을 살피려 한다.

그는 미국으로 유학을 가서 대학생활을 하고 있었다. 그러던 그에게 한국에서 편지가 온다.

“어서 한국으로 돌아와 형의 회사 운영을 돕거라.”

그 당시 형은 선경직물이라는 직물을 생산하는 회사를 운영하고 있었다. 최종현은 원사 공장을 설립하기로 마음먹는다.

“원자재인 원사 공장을 세우지 않는다면 더 이상의 발전은 없어. 그래, 원사 공장을 세우는 거야.”

최종현은 다짐했지만 다짐만으로 모든 일이 이루어지는 것은 아니었다. 그는 일본을 왔다 갔다 하면서 원사 공장을 만드는 기술을 익히기 위해 노력했다. 그 결과 결국 일본의 데이진의 마음을 움직였고 많은 도움을 받게 되었다. 하지만 문제는 단지 기술적인 부분에만 있지 않았다. 공장 건설에 기계구입비까지 합치면 50억 원이 넘는 비용이 들었다.

최종현은 일본과 합작하고 외화 대부제도를 활용해 비용문제를 해결했다. 첫 번째 장애물에는 승리한 것이다.

하지만 역경은 그것만이 아니었다. 그가 누구보다 의지했던 형이 48세라는 나이로 세상을 떠나고 말았다.

"형은 갔지만 내 인생이 끝난 것은 아니야. 나는 묵묵히 내 길을 가겠어."

그는 슬픔을 잊으려 애썼다.

그 후 그는 폴리에스테르 필름개발에 박차를 가한다. 400억이라는 돈을 쏟아붓고 1년이 지나도 별 성과는 없었다. 그도 아마 식은땀이 흘렀을 것이다. 하지만 싸움은 그때부터가 본격적인 시작이었다. 그는 버티고 버티고 버텨내 결국 선진국 수준의 필름을 만들어 내게 된다.

그는 최종현 그리고 선경그룹의 철학이 담긴 경영 시스템이라는 뜻의 SKMS라는 약자를 만드는데 패기, 지식, 사교 자세. 가정 및 건강관리를 포함한다며 직원들에게 이를 즐겁게 설명하였다. 그의 오랜 세월의 경험에서 나왔기에 그는 이것이 꼭 필요하다고 생각했다.

또한 SKMS를 실천하기 위한 지침으로 슈펙스라는 것을 설명했다. 슈펙스는 슈퍼와 엑설런트의 합성어로 최고를 추구하는 정신을 의미한다.

그는 늘 10년 뒤를 생각했다고 한다.

"10년 뒤 계획을 세울 때는 반드시 세 가지를 생각하세요. 첫째, 남들이 하지 않는 일을 한다. 둘째, 내가 잘하는 일을 한다. 셋째, 오래 할 수 있는 일을 한다."

이후 그는 한국 이동통신을 인수하여 SK텔레콤으로 성장시켰고 이는 한국을 대표하는 그룹이 되었다.

그는 CDMA 기술로 통화 품질을 개선했다. 스마트폰이 일반화된 지금 생각하면 석기 시대 같은 이야기이지만 벽돌만 한 휴대폰에 통화도 잘되지 않았던 시절이 있었다. SK텔레콤은 그 시절부터 지금까지 우리나라 이동 통신 사업을 위해 힘썼다.

그는 미국 유학 생활을 해서 그런지 생각이나 행동이 자유로웠다고 한다. 그는 수직적 생각을 버리고 다른 시각으로 생각하는 수평적 시각을 강조했다. 아무래도 자유로운 상상을 통한 그의 비전이 기업의 앞날의 발전에 큰 공을 세운 것 같다.

자유로우면서도 자기 관리에 철저하고 누구보다도 일에 열정적이었던 그는 1998년 가족을 뒤로 한 채 세상을 떠났다. 하지만 그의 회사에 대한 철학과 비전은 그의 회사를 통해 계속 발전해 나가고 있다.

❖❖❖❖❖❖
생각해 봐요

1. 최종현의 비전과 철학에 대해 어떻게 생각하시나요?

_____

2. 최종현처럼 큰 생각을 가지려면 어떻게 해야 할까요?

_____

3. 기업의 사회적 환원에 대해 어떻게 생각하나요?

_____

우리는 스티브 잡스나, 록펠러, 빌게이츠, 포드, 마크 주커버그, 제프 베이소스처럼 외국의 기업가는 잘 아나 오히려 한국의 기업인에 대해 잘 모르는 경우가 많다. 너무도 익숙하기에 오히려 자세한 그들의 인생에 대해 모르는 것이다. 선경 그룹의 최종현도 그런 인물 중에 하나이다. 선경그룹이라고 하면 잘 모르는 사람도 많을 것이다. 선경그룹은 지금의 SK그룹을 가리킨다. 최종현 회장이 죽은 후 회사명이 바뀌었다고 한다. 최종현 회장이 대단한 것은 단지 돈을 많이 벌기 위해서가 아니라 큰마음을 가지고 사업을 했다는 것이다. 사업으로 최고가 되어 많은 돈을 벌었을 뿐만 아니라 장학 사업이나, 사람들을 육성하는 일, 자연을 지키는 일에 힘썼다. 그 때문에 그의 사후에도 그가 존경받는 것이다.

　사람들이 자신의 가정을 꾸리기 위한 직장을 제공하고, 사회적으로도 유익한 일을 하는 기업가들은 정말 훌륭해 보인다. 앞으로도 우리나라에 멋진 기업가들이 출현하기를 바란다. 이를 위해서는 실패를 실패로 생각하지 않고 다시금 도전하는 정신이 필요할 것이다. 기업의 역사는 곧 도전의 역사이다. 도전하지 않으면 성장은 기대할 수도 없다. 이 사실을 알아 세상에 도전하는 젊은이들이 많아지길 빈다.

〈구인회〉

⚜

"각하, 이것이 바로 저희가 만든 플라스틱 빗입니다."

"이걸 우리 기술로 만들었다구요. 믿을 수 없군요."

"이 빗은 선물로 드리겠습니다."

"고맙구려. 잘 쓰리라."

앞의 대화는 구인회와 이승만 대통령의 이야기이다. 우리나라의 과거를 몰랐던 MZ세대에게는 호랑이 담배 피던 시절, 코미디 같은 이야기일지도 모르나 우리나라는 플라스틱으로 빗도 만들어 내지 못하던 시절이 있었다. 이런 플라스틱의 발전에는 구인회 같은 기업가들의 역할이 컸다. 우리는 그들에게 감사해야 하는 것이다.

그는 플라스틱 사업으로 훌라후프 등 다양한 플라스틱 제품을 만들었다. 치약 만들기에도 도전했는데 우리 입맛에 맞는 치약을 개발하여 판매하는 데 성공하였다.

사업적으로 성공한 그지만 젊은 시절부터 승승장구한 것은 아니었다.

그는 젊은 시절 포목장사를 시작했다. 이미 사업에 실패한 후였다. 하지만 다시금 아버지에게 도와달라고 했고 아버지는 그런 아들을 혼내지 않고 선뜻 돈을 내어준다.

"너의 행동에 우리 식구들의 운명이 걸려 있다. 부디 신중하게 행동하거라."

하지만 그해 홍수가 났고 중요한 옷감들이 다 젖어 버렸다. 그는 그해 장사를 망친다. 하지만 실패는 좌절만 주는 것은 아니었다. 다시 풍년이 들 것으로 예상하고 가게를 정비해서 큰 성공을 거둔다. 풍년이 들면서 결혼하는 사람이 많아 옷감이 많이 팔렸기 때문이었다. 그리고 옷감을 높은 지대에 옮겨 장마에도 비에 옷감이 훼손되는 일이 없도록 만들었다. 그는 성공에 힘입어 다음 사업으로 크림 제작에 나섰다.

"우리 회사 크림 이름은 무엇으로 할까요?"

"럭키 크림으로 합시다."

구인회가 개발한 럭키 크림은 선풍적인 인기를 끌었다.

그 후 구인회는 미래에 대한 고민을 멈추지 않고 연구를 계속한다. 그가 새롭게 관심 갖는 분야는 전기 전자 사업 분야였다. 그는 라디오에 흥미를 느끼고 한국 스스로 라디오를 만들어 보자고 마음먹는다.

금성사는 1959년 11월 드디어 최초의 국산 라디오 생산에 성공했다.

하지만 구인회의 예상과 달리 판매는 부진했다. 나쁜 일은 같이 온다고 락희 화학 건물이 부서지고 아버지도 돌아가시면서 그는 인생에서 최대의 위기를 맞았다.

그는 아버지가 하는 말을 기억했다.

"무엇이든 10년은 해봐야 한다."

금성사는 이후 연구를 계속해 1966년에는 국산 텔레비전을, 1968년에는 최초의 국산 에어컨을, 1969년에는 최초의 세탁기를 개발하는 데 성공한다.

그 이후 금성사는 가루비누를 만들어 개발하였다. 초기에는 판매가 부진했으나 폭발적으로 유행처럼 번져 큰 성공을 거둔다.

구인회는 한동안 새로운 프로젝트가 없어서 답답해하다가 석유사업에 뛰어들기로 한다. 그는 석유사업에 이어서 정유사업에도 도전했다.

어느 날 안희제라는 사람이 구인회를 찾아온다.

"지금 임시 정부에는 돈이 부족하네. 자네의 도움이 필요해. 어떻게 도와줄 수는 없겠나?"

"선배님이 이렇게 고생하는 줄 몰랐습니다. 제가 도와드리겠습니다."

구인회는 당시로는 거금인 1만 원을 안희제에게 주었다.

한편 구인회에게는 일자리에 대한 한 가지 철칙이 있었는데, 바로 밑바닥부터 시작해야 한다는 것이었다. 그는 평소 이런 말을 했다.

"오는 사람은 다 받아들여 역할을 줘야 한다. 이런 식구들은 돈보다 귀한 락희의 자산이다."

정열적이고 왕성하게 활동하던 그는 1969년 7월부터 건강이 악화되었다. 불과 62세의 나이였으나 그는 생명이 다함을 직감했다.

"너는 앞으로 잘 해낼 수 있을 거다. 걱정하지 말고 자신을 믿어라."

그는 아들에게 마지막 말을 남기고 떠났다. 하지만 그가 만든 락희라는 회사는 LG라는 이름으로 우리 곁에 앞으로도 남아있을 것이다.

✤✤✤✤✤✤
생각해 봐요

1. 구인회는 위기를 어떻게 극복했나요?

_____

2. 구인회처럼 도전해 본 적 있나요?

_____

3. 내가 가져야 할 삶의 자세는 무엇인가요?

_____

당신의 꿈을 응원한다.

구인회는 사업에 도전하나 승승장구한 것은 아니었다. 오히려 초기에는 큰 실패로 좌절하는 시간을 가졌다. 하지만 그는 실패에 좌절하여 주저앉지 않았다. 오히려 그 실패를 바탕으로 자신의 행동을 바꾸어 더 큰 성공을 거두었다. 우리는 실패를 통해 배운다. 성공을 통해 배우는 것은 없다. 실패를 통해 우리는 해야 할 것과 하지 않아야 할 것을 구분할 줄 안다. 그런 점에서 실패는 나쁜 게 아니라 우리의 큰 스승이다. 이 사실을 안다면 실패했다고 자존심이 상한다거나 창피해할 필요는 없다.

실패해도 번번이 도전하는 것은 그가 기업가이기 때문이다. 기업가에게 새로운 것에 대한 도전은 필수적이고 그 도전 속에서 유명한 기업이 되어 살아남을 수 있다. 옛날에 유명했던 회사가 오늘날 남아 있는 것은 매우 드물다고 한다. 한때 잘나가던 기업이 소리 소문 없이 사라지기도 한다. 그에 반해 락희(LG)라는 회사는 오래도록 우리를 위한 상품을 생산하며 남아 있다. 그것은 그만큼 그 기업의 창업자의 역량이 뛰어나고 비전과 철학을 갖추고 있기 때문일 것이다.

또한 배울 수 있는 것은 바로 구인회의 도전 정신이다. 도전정신은 말로는 쉽게 할 수 있지만 실제로 실천한다는 것은 보통 힘든 일이 아니다. 왜냐하면 실패와 좌절의 눈물을 이겨내야 다시 도전할 수 있기 때문이다. 그렇기에 구인회의 성공은 더 값지고 대단해 보인다.

불꽃처럼 살다간 남자,
한화 그룹의 창업자
김종희

〈김종희〉

영빈과 미희는 한강변에서 열린 세계 불꽃놀이 축제에 갔다.

"와, 저 불꽃 좀 봐. 정말 예쁘다."

"그래, 불꽃놀이 구경 오길 잘했어."

"그런데 이 불꽃놀이를 주최한 그룹이 어딘지 알아?"

"한화 그룹 아니야?"

"그래 맞아, 한화."

"그런데 왜 한화그룹에서 이런 불꽃놀이를 할까?"

"한화가 '한국 화약 그룹'의 약자인 건 알고 있어? 이 한화그룹의 창업자신 김종희 회장님은 평생을 화약 산업에 몸담아 온 진정한 개척가셔."

"그러면 우리 한화 그룹의 창업자이신 김종희 회장님의 삶에 대해 알아볼까."

"좋아."

한화 그룹의 창업자 김종희는 충청도의 가난하고 형제 많은 집에서 태어났다. 김종희는 어릴 때부터 공부하는 것을 매우 좋아했다.

"와, 학교에 간다. 신난다!"

하지만 그는 학교에 오래 다니지 못했다. 아버지 사업의 실패로 이사를 간 것이다. 경기 공립 상업학교에 시험을 쳤으나 떨어졌다. 하지만 다시 준비하여 합격한다. 김종희는 학교를 졸업하고 사회인이 되었다.

그는 일제 치하의 삶을 살면서도 언제나 조국을 일으키고자 하는 마음을 품었다.

"앞으로는 화약이 필요할 거야. 화약 산업에 내 모든 것을 걸어야겠다."

김종희는 마음을 다졌다.

"화약 산업은 위험하고 돈도 안 된다구."

사람들의 목소리가 들려왔지만 김종희는 끄덕도 하지 않았다.

"난 내 길을 가겠어."

우리나라는 전쟁이 났고 전쟁이 끝날 무렵 정부는 '화약 공판'을 민간 기업에 팔려고 했다. 김종희는 망설이지 않고 23억 원에 화약 공판을 사들인다. 그 후 한국 화약 주식회사가 설립되었다.

이후 한국 화약 주식회사는 인천 화약공장을 인수했다.

인천 화약공장에서는 연구 끝에 초안 폭약 생산에 성공했다. 이 초안 폭약은 세이프티 마이트라는 이름으로 전국 탄광으로 팔려 나갔다.

이후 계속되는 연구 끝에 니트로글리세린 합성에도 성공했다. 국내 기술로는 처음 이룬 성공이었으며 국산 다이너마이트 생산에 한 발 다가간 일이었다.

그 후 끝없는 연구 끝에 젤라틴 다이너마이트라는 국산 최초의 다이너마이트 생산에도 성공을 이루게 된다.

이후 한국 화약은 신안 베어링을 인수한다. 많은 사람이 반대했지만 김종희는 국가를 살리기 위한 방책으로 인수를 허락하였다.

1967년 정부는 민간 화력 발전소 건설 계획을 발표했다. 이에 김종희는 생각했다.

"전력은 산업의 원동력이야. 먼저 화력 발전소를 짓는 것도 좋겠어."

김종희는 회사의 이름을 '경인에너지'라고 정하고 인천 원창 허허벌판 위에 경인에너지를 건설하기 시작했다.

1971년 발전소가 지어지면서 경인에너지의 발걸음은 시작되었다.

한국 화약은 그토록 바라던 에너지 사업 진출을 해낸 것이다.

어느 날 쉬고 있던 김종희에게 전화 한 통이 온다.

농림부 장관의 전화였다.

"김 회장님, 도와주십시오. 전국의 낙농가를 도와 도농리 아이스크림 공장을 맡아주세요. 우유가 남아돌아 큰일입니다."

정부에서는 적극적으로 낙농 정책을 펴고 있었으나 우유 수요가 미치지 못해 우유가 버려지고 있었던 것이다. 김종희는 하는 수 없이 대일유업과 아이스크림 공장까지 인수하게 되었다.

"할 수 없지, 이왕 하는 거면 최선을 다해 보자."

김종희는 회사명을 빙그레로 바꾸고 퍼모스트 아이스크림을 만들어 히트를 쳤다.

이런 김종희에게는 호텔을 짓자는 제안도 들어온다.

서울 시장은 애걸복걸 부탁했다.

"우리나라에 제대로 된 호텔 하나 없어 관광 사업이 말이 아닙니다. 제발 도와주십시오."

김종희는 한참을 생각하다 결국 호텔을 짓기로 결심한다.

그는 호텔을 짓는 김에 건설업을 하기로 하고 '태평양 건설 주식회사'를 만들어 호텔을 지었다.

이런 그가 오래전부터 마음속에 품은 소망이 있었다. 그것은 학교를 짓는 것이었다.

그는 고등학교를 지어 전인 교육을 시키고 싶었다. 자신을 가르쳤던 세실 신부에 대한 고마움과 북일 사립학교에 대한 그리움을 담아 천안 북일 학원이라는 학교를 지었다.

천안 북일 고등학교는 개교한 지 3년 만에 야구 대회에서 우승한다. 학교 야구부가 우승해 김종희의 마음을 뿌듯하게 한 지 1년이 지난 어느 날, 그는 병든 몸을 뒤로 하고 세상을 떠났다. 하지만 그의 삶은 하늘의 불꽃이 되어 계속 이어지고 있다.

✤✤✤✤✤✤
생각해 봐요

1. 나만이 하고 싶은 영역이 있나요?

_____

2. 사회를 위해 무엇을 하고 싶은가요?

_____

3. 김종호가 국가를 생각했던 것은 왜인가요?

_____

당신의 꿈을 응원한다.

남다른 길을 가기란 쉬운 일이 아니다. 김종희 회장은 그런 면에서 남다른 길을 갔던 인물이다. 그는 화약 산업이 우리나라 발전에 꼭 필요할 것이라는 사명감과 정확한 비전을 가지고 앞으로 전진했던 인물이었다. 많은 이들이 그를 비난하거나 냉소하기도 했지만 그는 자신의 신념을 버리지 않고 한 걸음 한 걸음 나아갔다. 남이 나를 믿지 않는다 해도 나만의 믿음으로 앞으로 나아간다는 것은 어려운 일이다. 하지만 김종희는 스스로에 대한 믿음과 신념을 바탕으로 헤쳐 나간 것이다.

그 점은 놀라운 일이다. 여러 기업인들의 이야기를 읽어 볼 때마다 놀라운 것은 미래를 바라보는 혜안과 굳은 자기 신념으로 자신의 길을 걸어간다는 것이다. 사회와 세상에 기여하는 기업인은 소수이다. 하지만 다른 직업에 종사하는 사람들에게도 기업인으로부터 배울 점은 많다고 생각한다. 그의 개척정신과 사회를 향한 봉사 정신, 윤리는 많은 사람들에게 귀감이 되는 일이다. 그렇기에 우리는 오늘날의 대기업을 부러워할 것만이 아니라 그들이 갔던 과거의 길을 되새겨 보면서 그들의 정신을 배울 필요가 있는 것이다.

제철소를 건설한 거인 박태준

ith POSCO

〈박태준〉

"엄마, 나 포항공대 합격했어요!"

"그래 영철아, 대단하다!"

아빠가 말했다.

"고생했다. 그런데 포항공대를 만든 사람이 누구인지 아니?"

영철이 대답했다.

"잘 모르는데 누구예요?"

"박태준이라는 사람이야. 아무것도 없는 빈 땅에 제철소와 대학교를 설립한 훌륭한 사람이지. 그럼 그 사람에 대해 좀 알아볼까?"

"네, 좋아요!"

"이건 불가능합니다."

"아니오, 할 수 있습니다."

수많은 사람들의 거절에도 자신의 신념을 밀어붙이는 사람이 있었다. 그가 바로 포항제철을 만든 박태준 회장이다.

아무것도 없는 황량한 벌판, 그곳에 제철소를 세워야 한다. 박태준은 마음을 굳게 먹기로 한다.

"그래 죽을 각오로 해보자."

"우리 목숨을 겁시다. 실패하면 모두 우향우해서 동해 바다로 빠집시다."

박태준은 현장 직원들을 모아놓고 말했다.

때는 1964년으로 돌아간다. 박태준은 '대한중석'을 살리라는 대통령의 특명을 받고 대한중석의 사장 자리에 오른다.

박태준은 원래 군인이었다. 그는 군인 정신을 바탕으로 모든 일을 풀어 나갔다.

박태준은 박정희로부터의 특명을 받고 제철소 건설에 나선다.

공사비 때문에 문제가 있었으나 일본으로부터 대일 청구권 자금을 받아 무사히 공사를 진행해 낸다.

1973년 많은 사람들이 포항제철의 고로로 몰려들었다. 제1고로 점화

식을 보기 위해서였다.

고로 공사가 성공이라면 붉은 빛깔의 쇳물이 쏟아질 것이고 실패했다면 검붉은 빛의 쇳물이 나올 것이었다.

긴장되는 순간이었다.

그때였다.

"붉은 빛이다!"

고로의 문을 통해 나온 것은 오렌지 빛깔에 가까운 붉은색 쇳물이었다. 공사가 성공한 것이다.

"축하드립니다. 사장님!"

"아니오, 이건 우리 모두의 승리입니다."

박태준은 직원들과 함께 기뻐했다.

사람들은 포항 제철소가 3년은 지나야 흑자를 낼 것이라고 예상했다. 하지만 예상과는 다르게 가동 첫해부터 1억 달러 이상의 매출을 기록했다. 1200만 달러의 흑자를 기록한 것이다.

경제 부총리는 믿을 수 없다는 표정으로 박태준을 찾아왔다.

박정희 역시 기뻐했다.

"역시 박태준이야."

이로서 박태준은 세계적인 인물이 되었다.

포항제철은 1기 준공을 시작으로 2기 3기까지 꾸준히 확장했다.

박태준은 그다음 꿈을 꾸었다. 그것은 바로 세계 1위의 제철소였다.

그는 광양만에 제철소를 짓기로 한다.

광양 제철소는 1000만 톤 이상 철강을 생산할 수 있는 규모로 포항

제철소를 넘어서는 시설이었다.

광양 제철소는 우리 손으로 지었을 뿐 아니라 세계 최대 규모의 제철소라는 명예를 얻었다.

한편 박태준은 제철소 건설 이후 학교 설립에 마음을 쏟는다. 교육 기관의 설립은 그가 늘 바라던 일이었다.

그는 최고의 학교를 만들고 싶었다.

1971년에 효자 제철 유치원을 시작으로 포항 제철지곡 초등학교, 지곡 중학교, 포항 제철 공업고, 포항제철고를 세웠다.

그 이후 그는 세계 최고의 공과 대학을 만들고 싶은 마음으로 포항공대를 설립한다.

포항공대는 유학파 인력을 모셔온 최고의 교수진과 우수한 학생들을 선발해 최고의 대학이 되고자 노력했다.

그 결과로 1998년에는 아시아 과학 기술 대학 평가에서 1위를 차지하는가 하면 2012년에는 개교 50년 이내의 학교평가에서 포항공대가 1위를 하였다.

박태준은 이후 정치 생활을 시작하고 포항제철에서 물러났다.

이후 그는 74세로 국무총리의 자리에 오른다.

박태준은 85세에 급성 폐렴이 와서 병을 이기지 못하고 세상을 떠났다. 하지만 그의 애국과 불가능을 가능케 하는 정신은 오래도록 사람들의 기억에 남을 것이다.

1. 불가능에 도전해 본 적 있나요?

_____

2. 나라를 얼마나 사랑하나요?

_____

3. 애국을 실천해 본 적 있나요?

_____

당신의 꿈을 응원한다.

나라를 사랑하고 불가능을 불가능으로 보지 않은 사람은 큰 사람이 되는 법이다. 그런 면에서 박태준은 큰 사람이다. 나폴레옹은 말했다. "내 사전에 불가능은 없다." 같은 군인이라서 그런 것일까. 박태준의 나폴레옹 정신의 계승자이다. 누구도 되지 않을 것이라는 제철소 설립에 뛰어 들어 세계 최대의 제철소를 만드는 것은 그가 없었다면 단연코 불가능했을 것이다.

개인의 사욕이 아닌 국가를 위해서 무언가를 하겠다는 그의 정신에서 뛰어든 것이기에 그의 업적은 더욱 가치가 있다. 남들의 '아니오'에 굴복해서는 삶에서 어떤 성취도 이루어 낼 수 없다. 남들이 모두 아니오라고 말해도 나만은 '예'라고 말하며 나아갈 수 있어야 한다. 그래야만 성공할 수 있다. 박태준은 누구보다 성공했지만 나라를 위해 더 무언가를 하고 싶어 학교 설립에도 힘썼다. 제철소를 지을 때의 정신력으로 유치원부터 대학까지 설립하고 최고의 대학이라는 포항공대를 설립하는 데도 성공한다.

나는 그를 이끈 것이 바로 그의 꿈 때문이라고 본다. 그에게는 더 나은 국가, 더 나은 자신, 더 나은 미래에 대한 꿈이 있었기에 내일을 향해 달려갈 수 있었다.

우리에게도 내일에 대한 꿈이 있다면 좀 더 나은 삶을 살 수 있지 않을까. 아니 분명히 더 나은 미래를 맞이하게 될 것이라고 확신한다.

수송 보국의 길,
한진 기업의 창업자
조중훈

HANJIN

〈조중훈〉

✤

"택배 왔습니다."

"네~ 엄마 택배 왔어! 한진 택배네, 한진 택배는 늘 제시간에 오는 것 같아."

"물론이지, 한진그룹은 수송의 왕이거든."

"수송의 왕이라구요?"

"땅길, 하늘길, 바닷길을 연 게 바로 소송계의 거목 조중훈 회장이거든. 너 조중훈 회장님에 대해 잘 모르는구나. 엄마가 좀 알려줄까?"

"네! 알고 싶어요."

조중훈은 트럭 한 대를 가지고 사업을 시작했다. 그가 주목했던 것은 운송업이었다. 운송업이야말로 나라를 부강하게 만드는 데 도움을 주는 사업이라고 생각했던 것이다.

인천항에는 수많은 물품이 드나들었다. 조중훈은 생각했다.

"저 많은 물건들, 분명히 수송에 대한 수요가 있을 거야."

그의 사업은 승승장구했고 사업을 시작한 지 2년 만에 차는 열다섯 대로 늘어났다.

그리고 5년 만에 그의 회사는 탄탄한 운송회사로 거듭났다.

하지만 그해 한국 전쟁이 터졌다. 전쟁은 비극이자, 사회의 어둠이었다. 그는 자신이 가진 것을 모두 잃어버리고 다시 시작해야만 했다.

"여기서 끝낼 수는 없어. 다시 시작하자."

그는 모든 것을 잃어버렸지만 하나 가진 것이 있었다. 그것은 신용이었다. 그 신용을 바탕으로 돈을 투자받아 다시 사업을 했다.

그는 미군들의 마음을 사로잡아 사업을 성공시켰다.

1957년 그는 회사명을 한진 상사 주식회사로 바꾸었다.

한진 상사는 차량의 대수가 500대를 넘어서는 성장을 거듭했다.

그의 관심은 이제 하늘로 향했다.

"앞으로는 하늘을 이용한 수송이 이루어질 거야. 하늘에 도전해 보자."

하지만 그의 도전은 쉽지 않았고 한국 항공을 시작한 지 2년 만에 문을 닫게 되었다. 그러나 하늘 사업을 포기한 건 아니었다.

"지금은 때가 조금 이른 것뿐이야. 언젠가는 다시 도전할 테다."

그의 시선은 다른 나라로 향했다. 베트남 전쟁이 일어나자 그는 베트남으로 갔다. 한진이 베트남에 진출해 따낸 첫해 계약금은 790만 달러였다. 당시 국내 업체 중 제일이었다.

한진은 베트남에서 총 1억 5000만 달러를 벌어들이며 최고의 운송회사가 되었다.

그즈음 정부에서는 대한항공으로 골치를 썩고 있었다. 적자인 이 회사를 인수할 사람이 필요했다. 그들 눈에는 조중훈이 적격이었다.

박정희 대통령은 말했다.

"한진에서 대한항공 공사를 맡아 경영해 주시면 어떻겠습니까?"

적자인 회사를 인수하는 것은 손해가 날 뿐만 아니라 기업의 존망을 위협하는 힘든 결정이었다. 하지만 그는 국가적 차원에서 이를 수용하기로 한다.

"그래, 항공사업은 내가 언젠가 해보고 싶었던 일. 한번 잘해보자."

그는 보잉 747기를 들여오고 항로를 개척하는 등 갖은 노력 끝에 대한항공을 최고의 항공 회사로 만든다.

그는 하늘길에 이어서 바닷길에도 관심이 많았다. 그래서 대진해운을 설립해 바닷길 수송도 맡아서 하기로 결심한다.

"육로로는 한계가 많으나 바닷길은 늘 열려있어. 그래 바다 수송에도 뛰어들자."

그는 인천항 부두 건설에 힘썼다. 그리고 해상 운송을 한 지 2년 만에 매출이 10배 이상 뛰는 성과를 이룩했다.

하지만 그에게 또 다른 시련이 닥쳤다. 기름값이 크게 오른 것이다. 이른바 석유파동이었다.

하지만 그는 모든 사업을 접고 싶지 않았다. 비용은 서너 배 들었지만 수송 사업을 포기하지 않기로 결심한 것이다. 그는 돈을 빌려 그 위기를 벗어난다. 그 이후 대한항공은 매출 1000억을 돌파하고 흑자를 내는 기업으로 바뀌었다.

그는 어린 시절부터 자립심이 강했다. 집안 사정으로 교육을 제대로 받지 못했지만 일찍이 기술직에 뛰어들었다. 그가 다닌 진해 해원 양성소는 배를 만들고 배타는 기술을 알려주는 곳이었다. 그곳에서 그는 배우는 일에 흠뻑 빠져들었다.

조중훈은 또한 책을 손에서 놓지 않았다고 한다. 그 스스로 주경야독의 본보기를 보인 것이다.

수송 외길 조중훈의 인생도 세월 앞에서는 어쩔 수 없었다. 그는 2002년 열정적인 삶을 뒤로 하고 세상을 떠났다. 그를 추모하는 물결이 이어졌다. 수송 외길 인생으로 수송 보국을 꿈꾸었던 그의 인생은 지금도 많은 사람들에게 교훈을 주고 있다.

❀❀❀❀❀❀
생각해 봐요

1. 나라가 위기에 닥치면 나는 무엇을 할까요?

_____

2. 조중훈이 수송 외길을 택한 까닭은 무엇인가요?

_____

3. 나는 어떤 일로 나라에 기여하고 싶나요?

_____

당신의 꿈을 응원한다.

사람마다 꿈이 있다. 자신의 꿈을 이루면서도 나라를 위해 헌신할 수 있다면 그것보다 더 좋은 삶은 없을 것이다. 수송 외길 인생을 걸었던 조중훈 회장이야말로 자신의 꿈을 이루고 나라를 위해 헌신한 훌륭한 분이시다. 많은 사람들이 자신의 꿈을 이루기 위해서는 이기적이어야 한다고 말한다. 자신의 것을 챙길 줄 알아야 이 각박한 사회에서 살아갈 수 있다고 믿는다. 하지만 죽고 나서 1000억을 사회에 환원한 조중훈 회장 같은 분은 남다른 철학을 가지고 있었다. 자신의 이익, 자신의 회사만을 생각하지 않았고 국가적인 발전 측면에서 세상을 경영할 줄 알았던 사람이 바로 조중훈 회장 같은 사람이다.

취업을 걱정해야 하는 젊은이들에게 조중훈 회장은 너무도 크게 다가올 수 있다. 하지만 나는 누구나 사람의 안에는 조중훈 회장의 삶 못지않은 잠재력이 들어 있다고 믿는다. 우리가 꿈을 꾸는 이유도 다 자신의 거대한 꿈을 이루고 사회에 기여하고 싶기 때문이 아닐까.

그런 면에서 조중훈 회장의 삶은 단순히 그의 삶으로만 끝나는 것이 아니라 세대가 다른 많은 젊은이들에게도 용기와 희망을 준다. 그 역시 전쟁이나 석유 파동 같은 위기를 겪었으며 그 난관을 헤쳐 나왔기에 그의 용기와 자신감을 배울 수 있는 것이다. 우리도 이 같은 사람이 되기를 한번 다짐해 본다.

"한 말 한 말 차근차근 쌓아라."
두산 그룹의 창업자
박두병

〈박두병〉

✤

"와 시원하다!"

"이거 OB 맥주지?"

"그래. 지금은 세계 최대 맥주 회사 AB 인베브의 자회사가 되었지만 과거에는 동양 맥주 주식회사로 두산의 계열사였어."

"그러고 보니 맥주 맛보다 OB맥주의 역사가 더 궁금한데?"

"그러려면 두산 그룹의 회장 박두병을 알아야지."

"박두병? 누구야 그 사람이?"

"지금부터 내가 알려줄게."

박두병의 아버지는 열일곱 살 어린 나이에 보부상으로 장사를 시작해 서울 배오개에서 제일가는 거상이 된 입지전적인 인물이었다.

그는 아들인 박두병에게 남의 회사에 들어가서 일을 배우고 오라고 권했다.

"남의 밑에서 일해 봐야 땀의 중요성을 안다. 그러고 나서 내 상점으로 들어오거라."

박두병은 아버지의 말대로 은행에서 근무하게 되었는데, 곧 적응하고 은행 일에 정을 붙인다.

그는 1년을 더 은행에 머무르나 아버지와의 약속을 잊지 않고 아버지에게 돌아간다.

박두병은 아버지로부터 상점 경영을 위임받고 출근부와 상여금 제도를 만든다. 직원들의 불만이 거셌으나 곧 그게 더 좋다는 것을 알자 불만은 사그라들었다.

해방 이후 소화 기린 맥주 공장의 사람들이 박두병을 찾아왔다.

"저희 회사를 경영해 주십시오."

박두병은 그들의 요청을 거절하지 못했다. 그는 소화 기린 맥주의 관리 지배인으로 정식으로 출근했다.

그는 일재의 잔재인 이름이 맘에 들지 않았다. 그는 동양 맥주 주식회사로 회사 이름을 바꾸고 맥주의 상표도 기린에서 OB로 바꾸었다. OB

는 오리엔탈 브루어리의 약자였다.

　1946년 그는 작게나마 사업을 시작했다. 회사 이름은 두산 상회였다. 두산이라는 상호는 아버지가 지어 주었다. 한 말 한 말 차근차근 쌓아 올려 산과 같이 커지라는 뜻이다.

　그는 한국 전쟁으로 황폐해진 공장 시설을 정비하고 다시금 동양 맥주 회사의 부활을 꿈꾸었다.

　동양 맥주는 1953년부터 다시 생산을 하기 시작했다. 두산 상회는 두산 산업 주식회사로 이름을 바꾸었다.

　그는 외국의 유능한 맥주 기술자를 부르고 한국인을 외국에 유학시켜 맥주기술을 배우게 했다. 이 같은 노력으로 그의 맥주 회사는 나날이 발전하게 되었다.

　OB맥주는 발전을 거듭해 해외로도 수출하게 되었고 1967년에는 114만 달러에 해당하는 양을 수출하게 되었다. 해외 맥주에 의해 잠식되었던 우리나라가 오히려 맥주수출국의 지위로 입장이 바뀌게 된 것이다.

　이후 박두병은 건설업에 뛰어들게 되었고 그의 동산 토건은 국내 정상급 회사로 성장하게 되었다. 그는 윤한 공업사와 한국 병유리도 인수하게 되었고 이로써 두산은 단단한 위치를 구축하였다.

　그는 이후 대한상공회의소 회장을 맡았고 그의 회사를 자식에게 물려주지 않고 전문 경영인제도를 만들어 전문 경영인에게 넘겼다.

　그는 평소 인재를 제일로 여겼다. 그래서 직원을 뽑을 때도 항상 참여해서 지원자들을 유심히 살폈다.

　두산은 중앙대학교 재단에 참여하여 다양한 지원을 하고 있다. 이는 그의 인재 제일 정신을 투영한 결과이다.

평생 기업 경영을 업으로 삼았던 그였지만 그에게도 죽음은 다가왔다. 암에 걸렸고 수술을 했지만 오랫동안 투병 생활을 해야 했다.

예순셋, 그는 어린 두 아들을 손으로 잡고 세상을 떠났다. 그가 해야 할 일을 앞두고 간 아쉬운 죽음이었다.

하지만 기업 육성과 경제 혁신에 헌신한 그의 삶은 우리의 곁에 늘 존재하고 있을 것이다.

생각해 봐요

1. 나의 사명은 무엇이라고 생각하나요?

_____

2. 사회를 위해 하고 싶은 것이 있나요?

_____

3. '사람이 제일이다'에 대해 어떻게 생각하나요?

_____

당신의 꿈을 응원한다.

우리나라 재벌 1세대들은 모두 일제 강점기와 한국 전쟁을 겪었다는 공통점을 가지고 있다. 그들은 나라를 잃는 힘겨운 사회 현실과 같은 민족끼리 싸우고 모든 것이 파괴되는 절망을 딛고 일어선 존재들이다.

지금 시대가 어렵다고는 하지만 전쟁과 나라를 잃는 어려움에 비하면 오늘날의 어려움은 정말 사소한 것이라고 생각한다. 두산의 박두병 회장 역시 일제 강점기의 설움과 한국 전쟁의 어려움을 모두 겪은 사람이다. 그의 아버지는 물론 훌륭한 상인이었으나 전쟁통에 모든 것을 잃고 다시 시작해야 했다.

여기서 우리는 다시 시작하는 정신을 배울 수 있다. 재벌 1세대들은 어려운 상황에 처했으나 그 역경을 이겨내고 그 이전보다 더 큰 부를 쌓을 수 있었다. 그러니 우리는 지금의 자그마한 어려움을 가지고 너무 고민할 필요는 없다. 그때에도 어려움은 있었다. 그것은 지긋지긋한 가난이었다. 지금도 물론 빈부 격차라는 어려움이 있지만 옛날에도 빈부격차는 늘 있어 왔던 일이다.

누군가는 박두병과 같은 사람을 보고 운이 좋았다고 할 수 있다. 하지만 본인의 의지와 노력이 아니었다면 그 운이 올 수 있었을까. 이 시대 사람들은 두산그룹의 박두병 회장의 삶을 통해 역경을 이겨내는 지혜를 얻을 수 있다고 생각한다. 이런 저자의 마음을 이해한다면 이 책의 값은 헛되지 않을 것을 믿는다.

에필로그

❧

 이 책은 부와 명예를 위한 글은 아니다. 지금까지는 부와 명예를 위해서 글을 써왔다면 이 글은 무언가 사람들에게 선한 영향력을 주기 위해 쓰인 글이다. 나는 영어교사로 즐겁고 행복한 삶을 살고 있다. 가장 감사한 것은 부모님이지만 사회에도 무언가 보답하기 위해 썼다. 어쩌면 조금은 착한 사람이 되고자 하는 나의 작은 바람이라고 생각해 주었으면 좋겠다.

 글을 씀에 있어서도 욕심을 부리지 않고 썼다. 이 글은 나의 문학적 가능성을 엿보기 위한 시도였다. 나의 창의력과 예술적 가능성을 시험해 보고 싶었다. 그렇게 해서 별다른 고통이나 어려움 없이 짧은 시간 내에 쓸 수 있었다.

 빨리 썼다고 해서 대충 쓴 것은 아니다. 나는 인물을 되살려 내는 데 힘썼고 나의 새로운 터치를 받아 옛 인물들에 생명력을 불어넣기를 바랐다. 아무쪼록 이 책을 읽고 다시 시작하는 힘을 얻었으면 좋겠다. 인류의 영웅적 인물들도 모두 실패를 겪었다. 그들이 성공한 것은 다시 시작하는 용기가 있었기 때문이다. 이 사실을 잊지 말기 바란다.

이 책에서는 꿈을 꾸고 도전하면 이루어진다는 단순한 진리를 다시 설명하고 있다. 이 책의 주인공들은 목숨을 끊고 싶은 듯한 절망의 순간들도 있었으나 이를 이겨내고 성공을 붙잡은 사람들이다. 그들은 실망, 좌절, 절망에 무릎 꿇지 않았기에 그와 같은 영광을 얻을 수 있었다.

또한 젊은이들에게 희망을 주고 싶었다. 지금 사회는 너무도 젊은이들에게 힘든 시절이다. 어느 때이고 안 힘들 때는 없었겠지만 희망을 잃고 되는대로 살아가는 젊은이들이 많아 걱정스럽다. 이 책이 부디 그들에게는 희망을 주어 보다 밝고 행복하게 살아갈 수 있는 사회가 되었으면 한다.

『소크라테스의 변명/국가/향연』 플라톤 저, 왕학수 역, 동서문화사

『성룡』 성룡, 주묵 저, 허유영 역, 쌤앤파커스

『처칠처럼 도전하고 오바마처럼 성공하라』 조희전 저, 좋은땅

『플라톤의 대화편』 플라톤 저, 최명관 역, 창

『느리게 성공하기』 김희정 저, 럭스미디어

『백악관을 기도실로 만든 대통령 링컨』 전광 저, 생명의말씀사

『라이트 형제』 김종렬 글, 안희건 그림, 비룡소

『에디슨』 김경란 저, 씽크하우스

『링컨』 김병호 저, 씽크하우스

『헬렌 켈러』 권태선 글, 원혜영 그림, 창비

『처칠』 이영주 저, 씽크하우스

『Who? 김연아』 오영석 글, 라임 스튜디오 그림, 다산어린이

『Who? Special 손흥민』 강진희 글, 김광일 그림, 다산어린이

『스티브 잡스』 유영소 글, 한솔교육

『Who? K-pop BTS』 강진희 글, 이혜진 그림, 다산어린이

『Who? 인물 사이언스 찰스 다윈』 안형모 글, 스튜디오 청비 그림, 다산어린이

『청소년평전 20 – 아인슈타인』 김나정 저, 자음과모음

『아인슈타인』 김소정 저, 헬로월드

『유관순』 금성출판사 출판콘텐츠팀 저, 금성출판사

『네 안에 잠든 거인을 깨워라』 앤서니 라빈스 저, 이우성 역, 씨앗을뿌리는사람

『20대, 나만의 무대를 세워라』 유수연 저, 위즈덤하우스

『찰리 채플린』 유순희 저, 금성출판사

『붓다』 무샤고지 사네아츠 저, 현암사

『모택동』 김승일 저, 살림출판사

『Who? 마오쩌둥』 정현희 글, 스튜디오 청비 그림, 다산어린이

『파리에서 도시락을 파는 여자』 켈리 최 저, 다산북스

『40대에 도전해서 성공한 부자들』 유동효 저, 유노북스

『Who? 마이클 조던』 김승민 글, 김광일 그림, 다산어린이

『방구석 미술관』 조원재 저, 블랙피쉬
『방구석 미술관 2 : 한국』 조원재 저, 블랙피쉬
『이중섭』 이재승, 공은혜 글, 이다혜 그림, 시공주니어
『곁에 두고 읽는 니체』 사이토 다카시 저, 이정은 역, 홍익출판미디어그룹
『Who? 빈센트 반 고흐』 오영석 글, 스튜디오 청비 그림. 다산어린이
『판을 엎어라』 이세돌 저, 살림출판사
『이세돌의 일주일』 정아람 저, 동아시아
『코코 샤넬』 안선모 글, 웅진씽크하우스
『Who? 코코 샤넬』 오영석 글, 스튜디오 청비 그림, 다산어린이
『백남준』 공지희 글, 김수박 그림, 비룡소
『백남준』 나정아 저, 웅진씽크하우스
『Who? K-pop IU(아이유)』 유경원 글, 신영미 그림, 다산어린이
『축구를 하며 생각한 것들』 손흥민 저, 브레인스토어(BRAINstore)
『세종』 김현수 저, 웅진씽크하우스
『Who? 세종대왕』 최재훈 글, 정병훈 그림, 다산어린이
『김연아의 7분 드라마』 김연아 저, 중앙출판사
『Who? special 봉준호』 오기수 글, 유희석 그림, 다산어린이
『파블로 피카소』 김영은 저, 헬로월드
『피카소』 오주영 저, 금성출판사
『김원일의 피카소』 김원일 저, 이룸
『이병철 꿈꾸는 사람만이 일등한다』 이성재 저, 아이세상
『소 한 마리로 부자가 된 정주영』 엄광용 글, 하영호 그림, 현대문학어린이
『최종현처럼』 이경윤 저, FKI미디어
『구인회처럼』 이경윤 저. FKI미디어
『박태준처럼』 이경윤 저, FKI미디어
『박두병처럼』 박시온 저, FKI미디어
『김종희처럼』 고수정 저, FKI미디어
『조중훈처럼』 고수정 저, FKI미디어

성공은 누구의 것?

권선복
도서출판 행복에너지 대표이사

성공한 사람들의 공통점이 무엇일까요?

신기하게도 그들에게 성공의 비결을 물으면 "운이 좋았지요."라고 한다고 합니다. 정말 운이 전부일까요? 그걸로는 조금 부족한 마음이 듭니다.

세상은 그렇게만 돌아가지 않습니다. 아무리 운칠기삼이라 하더라도, 본인의 노력이 조금이라도 들어가야 바퀴가 굴러가는 법이지요. 그들이 말하는 '운'이란, 아마 그렇게 노력한 결과가 시기와 맞아떨어져 극적으로 배가 되었음을 뜻하는 것일 겁니다.

이 책에 실린 모든 인물은 자신이 원하는 것을 확고히 알고 그를 향해 달려간 사람들입니다.

'자신이 누구인지' 탐구하는 것은 때로 선승들이나 하는 것으로 알고 있지만, 우리 같은 일반 사람도 꼭 인생에서 궁구해 보아야 할 화두랍니다.

그렇지 않고는 진정 자신이 무엇을 해야 할지 알 수 없기 때문이지요.

그렇게 한번 '자신'을 바로세우고 나면, 그 다음부터는 나 자신 외에 누구도 여러분의 용기를 막아설 수 없답니다.

물론 괴롭고 힘든 과정을 거칠 수도 있지요. 처음부터 쉽게 모든 게 술술 풀리지 않는 사람도 있을 것입니다. 하지만 이 책의 주인공들을 보세요. 모두 '다시 시작하는 용기'를 가지고 끝없이 도전하지 않았습니까? 그렇습니다. 운명이 어떻게 방해를 하든, 세상에 '나' 하나의 의지와 용기는 누구도 꺾을 수 없는 것이랍니다.

'난 이래서 안 될 거야.' '다른 사람들의 생각이 이러니까 안 될 거야.' '난 너무 늦었어.' '난 힘이 없어…' 전부 '거짓말'입니다! 누가 누구에게 하는 거짓말? 여러분이 여러분에게 하는 거짓말입니다. 사실 여러분은 알고 있습니다. 자신에게 충분한 힘이 있음을…. 다만 겁이 나서, 용기가 없어서, 혹시라도 했다가 실패를 겪을까 봐 두려워서 핑계를 대고 있는 것뿐이라는 사실을요.

하지만 여러분, '실패는 받아들일 수 있지만, 시도조차 하지 않는 건 받아들일 수 없다'는 말을 기억하세요.

이 책의 주인공들이 '운이 좋아'서, '특별한 사람들이니까'라고 생각하지 말길 바랍니다. 그들은 진정으로 우리와 다르지 않은 평범한 사람들이었답니다. 다만 자기 자신을 믿고, 한계까지 몰아붙이는 것을 두려워하지 않는 전사의 영혼을 지녔던 이들이었지요. 이들은 모두 일시적인 실패를 경험했던 사람들입니다. 하지만 모든 주인공의 스토리는 고난과 역경의 극복에 있습니다. 이 책을 통해 고난과 역경을 극복하는 지혜를 얻어가시기를 바랍니다.

여러분! 요새 취업난이다, 경제가 어렵다 하는 말로 마음이 심란한 분들이 많을 것입니다.

하지만 용기 내어 걸어가 보세요. 모든 사람에게는 저마다의 장애물이 있고, 아픈 시련이 있었으며, 망설임도 있습니다. 그러나 종국에는 이 '나' 하나, 무엇이든 자유자재로 다룰 수 있는 진정한 '나'가 여러분에게 잠재되어 있다는 사실을 아셨으면 합니다.

화창하고 무더운 여름, 지치기도 하지만 온갖 생물이 뜨겁게 피어나는 열정의 계절입니다.

부디 이 계절에 적절히 출간되어 나온 본서를 통해, 이 글을 읽는 모든 여러분의 마음속에 행복에너지가 팡팡팡! 터져나오길 축복하며, 부디 하시는 일 모두 잘 되시기를 바라겠습니다.

MEMO

MEMO

'행복에너지'의 해피 대한민국 프로젝트!

〈모교 책 보내기 운동〉 〈군부대 책 보내기 운동〉

한 권의 책은 한 사람의 인생을 바꾸는 힘을 가지고 있습니다. 한 사람의 인생이 바뀌면 한 나라의 국운이 바뀝니다. 그럼에도 불구하고 많은 학교의 도서관이 가난하며 나라를 지키는 군인들은 사회와 단절되어 자기계발을 하기 어렵습니다. 저희 행복에너지에서는 베스트셀러와 각종 기관에서 우수도서로 선정된 도서를 중심으로 〈모교 책 보내기 운동〉과 〈군부대 책 보내기 운동〉을 펼치고 있습니다. 책을 제공해 주시면 수요기관에서 감사장과 함께 기부금 영수증을 받을 수 있어 좋은 일에 따르는 적절한 세액 공제의 혜택도 뒤따르게 됩니다. 대한민국의 미래, 젊은이들에게 좋은 책을 보내주십시오. 독자 여러분의 자랑스러운 모교와 군부대에 보내진 한 권의 책은 더 크게 성장할 대한민국의 발판이 될 것입니다.

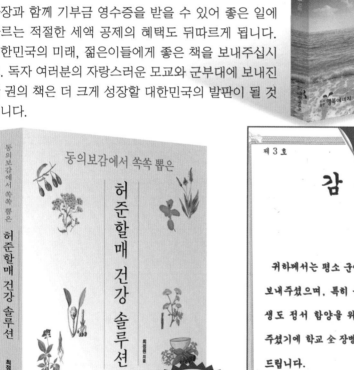